CONFESSIONS

DE

Jean-Jacques Bouchard

LES

CONFESSIONS

DE

JEAN-JACQUES BOUCHARD

Parisien

SUIVIES DE
SON VOYAGE DE PARIS A ROME
en 1630

Publiées pour la première fois sur le Manuscrit de l'Auteur

PARIS
ISIDORE LISEUX, ÉDITEUR
RUE BONAPARTE, N° 2
1881

AVERTISSEMENT

EAN-JACQUES BOUCHARD, *l'auteur jusqu'à ce jour inédit de ces* Confessions *et du* Voyage de Paris à Rome, *qui leur fait suite, est un inconnu pour quiconque n'a étudié que dans ses grandes lignes l'histoire littéraire du* XVIIe *siècle; son bagage, réduit à trois ou quatre opuscules imprimés, est de peu de poids à côté de celui des maîtres écrivains et des infatigables écrivassiers de ce temps. Mais ceux qui se sont donné la tâche souvent ingrate d'en éclairer les petits coins obscurs, de fouiller dans l'immense fatras de la correspondance des Chapelain, des Balzac, des Godeau, n'ont pas été sans*

rencontrer assez fréquemment un certain abbé Bouchard (1), à qui ces Messieurs adressaient les Épîtres les plus flatteuses et autant de compliments que s'en jettent à la tête Vadius et Trissotin, avant la brouille. C'est notre homme. Ils ont rencontré plus souvent encore un personnage assez ridicule, intrigant fieffé, sur qui Balzac et Chapelain daubent à qui mieux mieux dans leurs lettres familières, et qu'ils appellent entre eux le sieur Jean-Jacques, le signor Gio-Giacomo, le Pyrostome, le Panglottiste, le Parasite Romain, etc.; c'est toujours lui, sous un aspect moins avantageux. Ces mentions, quoique fort nombreuses, ne nous suffiraient cependant pas pour reconstituer sa physionomie et surtout sa biographie, très ignorée, si Tallemant des Réaux n'en avait rassemblé les traits épars dans une de ses Historiettes, que M. Paulin Paris a fait suivre d'une Note encore plus désobligeante pour le pauvre Bouchard.

Commençons par l'Historiette, qui porte dans Tallemant le n° CDXXXIV.

---

(1) Par une heureuse coïncidence, M. Tamizey de Larroque, à qui l'on doit déjà les Lettres de Chapelain (1880, in-8°, Collection des Documents inédits sur l'Histoire de France), s'occupe en ce moment même de publier, dans le Cabinet historique, les Lettres de Bouchard à Peiresc. Ses recherches nous ont été d'un grand secours et nous lui exprimons notre reconnaissance pour les emprunts que nous lui avons faits. (Note de l'Éditeur.)

« Bouchard estoit filz d'un apothicaire de Paris dont la femme avoit un fils de son premier mary, nommé Hullon. Ce Hullon avait un bon prieuré de huict mille livres de rente, en Languedoc, nommé Cassan (1). Bouchard, jaloux de son frère et espérant qu'il luy résigneroit son bénéfice, conseilla à son père de l'empoisonner d'un poison lent. Le père n'y voulut point entendre. Au bout de quelques années, Bouchard s'en va à Rome, où il se disoit seigneur de Fontenay parce que son père avoit je ne sçay quelle chaumière dans Fontenay-aux-Roses (2). Il n'y fut pas plus tost qu'il s'habille autrement que ne le font les bénéficiers François. Il estoit quasi à l'Espagnole (3) et se donna au cardinal Barberin pour gentilhomme *di belle lettere*. Il estoit fort laid, fort noir, logé dans la Chancellerie avec Montreuil, l'académicien (4), qui alors estoit au cardinal Antoine; ils prirent un valet à eux deux. Ce valet se mit dans la teste que Bouchard estoit sorcier (il n'en avoit pas trop mal la mine), et disoit sans cesse à Montreuil qu'il ne le pouvoit souffrir. Enfin, un jour, ce garçon, passant par Saint-Pierre, vit exorciser un prétendu possédé (cela se voit à toutes les festes en

---

(1) A deux lieues d'Agen.

(2) A deux lieues de Paris.

(3) « Et portoit souvent lunettes sur le nez, à la mode des Italiens, parce qu'il avoit la veüe courte. »

(4) V. *Histoire de Sarrazin*, tome V, p. 294.

Italie); et entendant que le prestre, qui prononçoit du gozier, disoit : *Spirito buciardo,* au lieu de *bugiardo* (1), il prend sa course et va dire à Montreuil qu'il avoit toujours bien cru que Bouchard estoit un sorcier, mais qu'il en estoit bien plus assuré que jamais, et qu'il ne vouloit plus demeurer avec cet homme. Il lui fallut donner congé.

» Ce Bouchard se fit de l'Académie des *Humoristes*. Là on demanda un jour si la langue Françoise estoit parvenue à un aussi haut poinct de perfection que l'Italienne. Il prit l'affirmative et s'offrit, pour le prouver, de traduire en François la *Conjuration de Fiesque,* de Mascardi, le plus célèbre auteur de ce temps-là. Jamais notre pauvre langue, avant M. de Vaugelas, qui parle pour elle dans la préface de ses *Remarques,* n'a trouvé que de meschans défenseurs. On imprima cette traduction chez Camusat, qui n'en voulut pas croire ses amys.

» Or, par modestie, ce monsieur Bouchard n'avoit pas voulu mettre son vray nom, mais il se faisoit appeler *Pyrostomo* (2) dans les vers à sa louange qu'il avoit mis au-devant de son livre. C'estoit une véritable Panglossie (3), il y en avoit en toutes langues; c'est de luy que Balzac se moc-

---

(1) Comme en Français d'Église : esprit de mensonge.

(2) *Bouche-ard.*

(3) *Tallemant fait allusion à un autre ouvrage de Bouchard, le* Panglossia *en l'honneur de Peiresc.* (Note de l'Éditeur.)

que sous le nom de Jean-Jacques, dans ses Lettres familières à Chapelain.

» Ce pauvre Bouchard marchanda tous les petits éveschez d'Italie, l'un après l'autre, et ne fut pourtant jamais prélat. Il eut des coups de baston pour s'estre meslé de dire quelque chose contre le mareschal d'Estrées, durant sa brouillerie avec le pape Urbain (1), et il mourut un an après. Il estoit en réputation de grand *bugiarron.* »

Voici maintenant la Note de M. Paulin Paris :

« Il y a quelque temps, en Novembre 1850, un bouquiniste me pria d'examiner le manuscrit d'un Voyage de Paris à Rome, fait en 1630 et 1631 par un anonyme qu'il s'agissait de reconnaître. Cet homme, parti de Paris avec des lettres de recommandation de MM. Du Puy et Gassendi, avait passé par Aix, avait été témoin d'une sédition grave causée par la nouvelle érection des Élus, s'était de là rendu à Tolon, puis à Beaugencier, résidence ordinaire de M. de Peiresc, avec lequel il était resté plusieurs jours et dont il fait connaître très curieusement les habitudes, la façon de vivre, les occupations ordinaires. Notre homme avait poursuivi sa route et était arrivé à Rome au commencement de l'année 1631. Là s'arrêtait son journal de voyage.

---

(1) En 1639.

» Or, l'auteur était précisément Jacques Bouchard. J'en ai vu la preuve dans les volumes, conservés à la Bibliothèque Impériale, de la correspondance de Peiresc. Au tome VIII de cette correspondance on trouve cinq lettres signées Bouchard et adressées de Rome au savant Proyençal en 1633, 1634, 1635, 1636 et 1637. L'écriture étant parfaitement identique avec celle de l'*Itinéraire de France à Rome,* il ne restait plus de doutes sur l'auteur de l'*Itinéraire.* Et, ce qui donne un nouveau prix à ce manuscrit, c'est qu'en le rapprochant de notre *Historiette,* il justifie parfaitement la méchante opinion que des Réaux avait du personnage. Des Réaux a, pour ainsi dire, flatté le portrait. C'était, on peut l'affirmer après l'avoir entendu lui-même, un insigne fripon, fort capable d'avoir conçu le projet d'empoisonnement que l'historiette nous révèle. Je ne puis guère ici faire connaître les préliminaires de l'*Itinéraire;* c'est un amas de raffinements d'obscénités, qui sembleraient assez à leur place dans les imaginations de l'infâme marquis de Sade. Bouchard y prend le nom d'Oreste et donne à ses parents les noms d'Agamemnon et de Clytemnestre. La seule réserve dont il se pique est d'employer l'alphabet Grec pour tous les noms propres et toutes les sales expressions de son livre. A l'occasion d'une petite vachère qu'il avait débauchée, il revient sur sa vie de collége, sur tous les désordres infâmes auxquels il s'était livré dès lors, et sur l'influence que ces désordres eurent sur son caractère et ses habitudes. Il raconte ses étranges amours avec une femme de chambre de sa mère et le soin qu'il prit de lui ôter tout sentiment de religion.

» Bouchard avait mis dans sa complicité sa propre sœur, Henriette, qu'il appelle Éromène, et qui fut plus tard deux fois mariée, la première fois à Gaspard du Lac de Chemerolles, sr de Courbanton ; la seconde à Charles de Saint-Quentin, gouverneur de Bourbourg (*Cabinet des Titres*). A la fin, la pauvre Allisbée, maîtresse et victime de cet affreux impuissant, fut définitivement chassée, et, pour la revoir, Bouchard emprunta une petite maison que L'Huillier, son intime ami, possédait au faubourg Saint-Germain (1), et qui lui servait à loger son bon maître Gassendi et à mener quelquefois des dames. Il sortit enfin de chez ses parents de son propre mouvement et, dit-il, à la suite d'une querelle avec sa mère. Il raconte alors comment il fit un faux contrat de mariage ; comment, pour se venger de celle qui avait découvert le secret de leurs amours, il lui vola quinze ou vingt pistoles. « Il sçavoit », dit-il, « que c'estoit la fille la plus avaricieuse du monde » et qu'elle estoit occupée depuis quatorze ou » quinze ans à faire un petit pécule ; il crut donc » ne pouvoir luy faire un plus grand mal, *outre*

---

(1) *M. Paulin Paris n'appuie sur rien cette conjecture ; nous croyons plutôt que la petite maison était située à La Chapelle Saint-Denis. V. la note p. 56.*

» *le bien qui luy en reviendroit à luy,* que de le luy
» oster. »

» Ce fut là le dernier exploit de Bouchard avant son départ pour Rome. En route, il donna plusieurs preuves d'insigne lâcheté ; mais cela n'empêche pas son voyage d'être fort intéressant pour se former une idée de la façon dont voyageaient les gens de la classe moyenne en ce temps-là. Dans les lettres qu'il écrit de Rome à Peiresc, on voit qu'il le prie de lui envoyer un certificat de bonne vie et mœurs qui, dit-il, pourra lui servir à obtenir quelque évêché. Cela revient parfaitement à ce que des Réaux nous dit à la fin de son historiette ; sans doute il avait vu Bouchard à Rome.

» Ce monstre a pourtant fait l'éloge d'un homme de bien qui l'avait convenablement reçu, de Peiresc. Il prononça cet éloge dans l'Académie des Humoristes, et on l'a inséré dans le *Panglossia* dont des Réaux a parlé plus haut et qui fut imprimé au Vatican. »

Le manuscrit analysé il y a une trentaine d'années, avec une remarquable exactitude, par M. Paulin Paris, est précisément celui que nous avons la bonne fortune de publier. Après avoir passé de main en main, il figurait en dernier lieu à la vente de feu Michel Chasles, le célèbre mathématicien, où l'Administration de la Bibliothèque Nationale, le sachant éminemment curieux, le poussa jusqu'à près de 500 francs sans qu'il lui fût adjugé. Il lui est néanmoins revenu maintenant, après avoir fait au dehors un léger stage qui a permis son impression (1). Nous le reproduisons intégralement, sauf une feuille volante d'un intérêt nul sur laquelle Bouchard avait esquissé étape par étape un projet de retour de Lyon à Paris, retour auquel il songea peut-être durant son séjour à Rome et que la mort l'empêcha d'effectuer ; nous ne lui avons fait subir d'autre modification que de distinguer par un titre spécial chacune des deux Parties. La première, que nous avons intitulée Confessions, est ce que M. Paulin Paris appelle les préliminaires de l'Itinéraire ; mais ce sont bel et bien des Confessions, et des plus sincères qu'homme ait jamais faites, fût-ce au tribunal de la pénitence ; la seconde, qui forme un tout à part, est l'Itinéraire ou Voyage de Paris à Rome.

Ce document intime, éclairé par les lettres de Bouchard à Peiresc et par la correspondance de Chapelain, va nous permettre de compléter et de rectifier en quelques endroits les Notices de Tallemant et de M. Paulin Paris.

Bouchard était né à Paris, probablement le 30 Octobre 1606 (v. page 84). Son père, si toute-

---

(1) Nous l'avons cédé à la Bibliothèque au prix coûtant (525 francs). Il y est enregistré sous le n° 4236 (Manuscrits Français. Nouvelles acquisitions). — Note de l'Éditeur.

fois il tint boutique d'apothicaire, comme le veut Tallemant, avait dû s'enrichir dans ce commerce, car il acheta une place de secrétaire du Roi (1), ce qui permit au fils de se croire noble pour tout de bon. Dans une de ses lettres à Peiresc, datée de Rome, 13 Août 1633, il demande au savant Provençal de le patronner près de l'ambassadeur de France au Vatican, le comte de Noailles, et lui insinue de donner à entendre à ce haut personnage « qu'il est le fils de ce gentilhomme de Languedoc, secrétaire du Roi, qui lui a parlé plusieurs fois de lui en la compagnie de M. le baron de Magalas, parent et ami dudit seigneur de Noailles ». L'apothicairerie du père n'est pas autrement prouvée : elle n'aurait rien pourtant de surprenant, étant donnée la curiosité singulière que Jean-Jacques Bouchard manifeste en maintes rencontres pour les recettes pharmaceutiques, les drogues curatives et préservatives, les

---

(1) Page 25, Bouchard parle d'une commission que son père « lui avoit donnée depuis quelque temps au conseil du Roy, pour vendre certains offices de clercs d'audiance de nouvelles créations », et, page 62, il fait mention de l'argent que ce petit trafic lui avait rapporté. Plus tard, passant par Aix en Provence, lors d'une émeute causée par l'installation des Élus (page 116), il se félicite, avec sa crânerie habituelle, d'avoir changé son nom de Bouchard en celui de Fontenay, car, dit-il, « si l'on eust su à Aix qu'il estoit le fils d'Agamemnon, lequel avoit pris le parti des Eslus, et les avoit establis l'esté précédent en cette province, qui se vouloit aussi rebeller lors à l'imitation de la Provence, le peuple l'eust assurément deschiré et mis en pièces ».

herbes de toutes sortes, dont il sait les noms et les vertus réelles ou imaginaires. La plus belle recette, il se la fait communiquer par un évêque à son départ pour l'Italie, où la fâcheuse réputation des femmes pouvait la rendre de quelque utilité ; il en dérobe une autre de non moindre importance à un barbier, dont il lacère dans ce but un vieux grimoire en lettres Gothiques, ayant, comme Panurge, un dangereux penchant à s'approprier le bien d'autrui « par façon de larrecin furtivement faict ». Somme toute, il a sur ces matières des connaissances plus étendues que n'en possèdent d'ordinaire les gentilshommes, et l'on peut admettre qu'il en avait puisé le goût dès son jeune âge dans l'officine paternelle. Pour ce qui est de la chaumière de Fontenay-aux-Roses, dont Tallemant se moque avec si peu de charité, nous prenons là le médisant chroniqueur en flagrant délit de dénigrement systématique. Dans cette bicoque, la famille Bouchard mène un train de princes : il y a un carrosse pour l'y mener en villégiature, deux grands coquins de laquais au moins, dont un attaché au service particulier du sévère Agamemnon ; plusieurs filles de chambre : celle de Madame, la hautaine Clytemnestre, celle de la belle cousine Arthénice ; une « tapissière », une vachère, une femme de charge qui surveille et gouverne tout ce nombreux personnel ; sans compter quelques petits valets, qui sont peut-être des marmitons, avec lesquels Bouchard fils, en ses vertes années, s'émancipe assez gaillardement. Notons que les Bouchard ont en outre un hôtel à Paris (1). Voilà, ce nous semble, une maison montée sur un pied respectable, tel qu'il convenait à un secrétaire du Roi.

Les Confessions *nous apprennent que le jeune Bouchard fit ses classes au collège de Calvy ou Petite Sorbonne, rue Saint-Jacques, qu'il en sortit à dix-huit ans et qu'il se fit ensuite recevoir docteur en droit civil et en droit canon, ce qui atteste des études suivies jusqu'à leur achèvement complet. Elles nous donnent en même temps des détails fort scabreux sur ses mœurs d'écolier et sur celles de ses camarades, un de Bellièvre, un Bouthillier, un La Brunetière, un Loiseau, un De Furnes, etc., dont quelque commentateur opiniâtre se serait sans doute évertué à bien établir l'identité : ce Bellièvre était peut-être le fils du Président à mortier du Parlement; ce Bouthillier, un frère de l'abbé de Rancé; ce Loiseau, le père ou l'aïeul du grand jurisconsulte. La nature indiscrète de ces confidences de Bouchard nous a retenu; lors même que nos conjectures se changeraient en certitude, serions-nous bien avancés?*

---

(1) *Probablement dans le quartier actuel du Panthéon, ce qui aura donné plus tard au jeune homme l'idée de s'appeler Fontenay-Sainte-Geneviève.*

Avertissement

Ces détails rétrospectifs et ceux qui leur succèdent, touchant ses amours, d'abord avec la petite vachère, puis avec toutes les femmes de chambre, les unes après les autres, avant de se concentrer sur la malheureuse Allisbée, ont fait pousser les hauts cris à M. Paulin Paris, malgré la précaution prise par le narrateur de les transcrire en caractères Grecs. Le savant éditeur de Tallemant ne leur trouve de point de comparaison possible qu'avec les raffinements lubriques du marquis de Sade; c'est aller un peu loin pour stigmatiser des polissonneries de collège, et, dans ses plus grands écarts, ce pauvre Bouchard n'a jamais commis que des méfaits de ce genre. Mais sa franchise a quelque chose de si singulier, de si extraordinaire, qu'elle étonne et stupéfie. Un autre Jean-Jacques, à qui nous devons des Confessions bien plus célèbres, sinon plus vraies, se croyait seul et unique au monde, pour avoir osé mettre sa vie et son âme à nu, et fait l'aveu de quelques peccadilles. Il s'écrie solennellement : « *Je forme une entreprise qui n'eut jamais d'exemple, et dont l'exécution n'aura point d'imitateur. Je veux montrer à mes semblables un homme dans toute la vérité de la nature, et cet homme, ce sera moi. Moi seul! Je sens mon cœur et je connais les hommes. Je ne suis fait comme aucun de ceux que j'ai vus; j'ose croire n'être fait comme aucun de ceux qui existent. Si je ne suis pas mieux, au moins je suis autre. Si la nature a bien ou mal fait de briser le moule dans lequel elle m'a jeté, c'est ce dont on ne peut juger qu'après m'avoir lu. Que la trompette du jugement dernier sonne quand elle voudra : je viendrai, ce livre à la main, me présenter devant le souverain Juge. Je dirai hautement : Voilà ce que j'ai fait, ce que j'ai pensé, ce que je fus. J'ai dit le bien et le mal avec la même franchise. Je me suis montré tel que je fus : méprisable et vil quand je l'ai été ; bon, généreux, sublime, quand je l'ai été ; j'ai dévoilé mon intérieur tel que tu l'as vu toi-même, Être éternel !* » Lorsque Rousseau écrivait ce fameux préambule, la plume lui serait tombée des mains, si quelqu'un lui avait mis sous les yeux le manuscrit de Bouchard. Avec quelle surprise et quel désappointement il aurait vu qu'un Jean-Jacques complètement inconnu s'était, bien avant lui, avisé de dévoiler son intérieur et de montrer un homme dans toute la vérité de la nature ! Sans se jucher sur un piédestal, sans se croire jeté dans un moule unique, Bouchard décèle encore plus d'ingénuité que le philosophe, et ses confidences ont d'autant plus de prix que le naturel y est bien moins étudié. N'ayant jamais été sublime, il n'a pas eu à nous peindre ces mouvements-là ; mais pour tous les autres, ceux qu'inspirent la ruse, la vanité, la poltronnerie, la *friponnerie parfois, il s'en est acquitté de son mieux. On s'amuse d'abord d'un homme qui prend la plume, non pour se faire valoir, comme c'est assez l'ordinaire, mais pour se montrer sous l'aspect ridicule et piteux d'un impuissant, nous raconter des histoires où il joue presque toujours un vilain rôle : et peu à peu cependant on s'intéresse à cette franchise naïve; elle imprime à son récit le charme de ce qui est vrai, absolument vrai.*

Tout son livre a ce caractère original de sincérité nue, le Voyage *comme les* Confessions. *L'Itinéraire, suite de notes prises jour par jour, est un des rares documents propres à nous faire connaître l'aspect d'une partie de la France, en 1630, et comment on voyageait au* XVIIe *siècle, quand on n'était pas un grand seigneur; il est aussi fort curieux en ce qu'il achève de nous peindre son trop véridique auteur. Bouchard fait la plus grande partie de la route à cheval, à la suite d'un messager. De petit abbé (1) devenu gentilhomme, sa casaque relevée de passements d'or, l'épée au côté, il prend le nom de sieur de Fontenay, et se donne volontiers, à table*

---

(1) *En fait de titres ecclésiastiques, Bouchard ne mentionne que ses lettres de tonsure, et ce postulant à tous les évêchés de France et de Navarre ne paraît pas en avoir eu d'autres; au cours de son voyage, il parle quelquefois d'aller entendre la messe, mais on ne voit pas qu'il l'ait jamais dite.*

d'hôte, comme une fine lame. Bien vite deviné par ses compagnons de route, un jeune Parisien, un Polonais, un mercier de Lyon, un avocat de Draguignan, un page de Monsieur, frère du Roi, dont il nous crayonne sur le vif les portraits, il poursuit dès lors son chemin en recevant continuellement des avanies, qu'il endure sans souffler mot. Le Parisien surtout devient son persécuteur, lui rembourre avec des cailloux la selle de son cheval, l'y colle avec un paquet de poix, se moque de lui de toutes les façons. L'impassible Bouchard prend ses notes et fait le mort, par la raison péremptoire que s'il avait paru s'apercevoir de quelque chose, il aurait fallu se fâcher et recevoir peut-être un mauvais coup. Il se console en la compagnie du petit page. Qui donc a osé incriminer les mœurs de Gaston, duc d'Orléans, et représenter sa Cour comme si dangereuse, surtout pour les pages ? Bouchard donne ici aux calomniateurs un démenti complet ; on verra, au contraire, par quelles précautions charitables ce bon prince savait prévenir de semblables désordres. Le Parisien parti, Bouchard trouve moyen de se ménager un espoir de vengeance, en rapportant au page certains propos qui ne manqueront pas de mettre les deux hommes l'épée à la main et de les faire se battre à mort, si jamais ils se rencontrent. N'est-ce pas bien là l'homme d'Église ? Une vue sommaire et assez peu avantageuse de Lyon, la descente du Rhône en bateau, un tableau pittoresque de la Provence, d'Aix et de Toulon, la visite à Peiresc, page d'un grand intérêt biographique, une curieuse description des exercices des forçats et de la structure des galères, où les gens de mer relèveront sans doute des particularités très inconnues, la traversée de Marseille à Cività Vecchia, signalée par une tempête, la quarantaine subie à leur arrivée par les passagers, et dont le récit est plein d'amusants détails, tels sont les points les plus saillants de ces impressions de voyage : le tout entremêlé d'épisodes plaisants, de querelles d'hôtellerie, de légers croquis tracés au courant de la plume, sans la moindre prétention au style. On sent que le narrateur a peint ce qu'il a vu, observé, sans ajouter un trait, sans rien enjoliver : cela lui donne une certaine supériorité sur les auteurs de tant d'autres relations du même genre, dont le but est de montrer avant tout de l'esprit, de l'imagination, d'inventer des incidents et des aventures ; ils ont pu composer de petits chefs-d'œuvre, comme le Voyage de Chapelle et de Bachaumont, *mais aux dépens de la vérité vraie. Notons que, durant la tempête, Bouchard a si bien le tempérament d'un observateur, qu'il en oublie sa couardise habituelle pour voir de plus près comment tout se passe et noter la peur sur le visage des autres. A la fin de la quarantaine, quand tous ne se préoccupent que de partir et que personne ne veut payer, il s'entremet, se fait le négociateur, et se tire, en fin de compte, non sans adresse, lui et ses compagnons, d'une situation sans issue : il aurait fait un excellent diplomate.*

La suite de ses aventures et son séjour à Rome, où il éprouva encore plus de déboires que pendant son voyage, nous sont connus par ses lettres aux frères Du Puy et à Peiresc, la correspondance de Chapelain, les Lettres familières de Balzac. *Il n'était pas venu en simple touriste, pour contempler les monuments de la Ville éternelle, mais bien pour tâcher d'obtenir, comme son frère Hullon, quelque bon bénéfice de six ou huit mille livres de rente. Après y avoir passé deux ou trois années sur lesquelles nous n'avons pas de renseignements, sauf qu'il fit à Naples un voyage dont il a également écrit la relation (1), il entra d'une manière active dans son rôle de solliciteur. Recommandé par Chapelain au comte de Fiesque, par Peiresc au duc de Créqui et au comte de Noailles, il avait songé d'abord à se faire attacher à l'un ou l'autre de ces personnages, successivement ambassadeurs au Vatican : rien ne*

---

(1) Ce manuscrit, trois fois plus volumineux que les Confessions et le Voyage de Paris à Rome réunis, est à la Bibliothèque de l'École des Beaux-Arts.

Avertissement

vint. *Il crut un moment tenir une bonne place de bibliothécaire chez le cardinal Francesco Barberini, autre ami de Peiresc : Son Éminence, toute réflexion faite, lui préféra un marmiton! Bouchard se jeta dans l'étude, les recherches érudites, pour lesquelles il avait un goût particulier. Peiresc travaillait alors à un grand ouvrage sur les poids et mesures chez les Anciens ; il se mit à dépouiller à son intention la bibliothèque du Vatican, à copier ou faire copier pour lui une multitude de manuscrits (1), en même temps que pour son propre compte il élaborait une édition et une traduction d'anciens chronographes, George le Syncelle et Théophane de Byzance. Une de ses lettres nous met au courant de ses travaux et aussi de ses démarches :*

« Il y a trois ou quatre mois que je portay par commandement de Monseigneur le Cardinal Barberini, ma version de Théophanes au Pape, qui me fit l'honneur de l'approuver, jusques-là qu'il daigna employer quelques heures à la lecture de ce livre,

---

(1) « Dans le registre V de la collection Peiresc, à Carpentras, on lit, au sommet du folio 199, ces mots, tracés par le reconnaissant correspondant de Bouchard : Excerpta de ponderibus et mensuris, ex Bibliotheca Vaticana. Exscribi curavit et contulit cum manuscriptis antiquis Dominus Bocardus, et Aquas Sextias transmisit XI Febr. 1634. *Les extraits forment un cahier de 74 feuillets in-folio, chiffrés 199-272. »* (Note de M. Tamisey de Larroque.)

ensuite de quoy, m'ayant dit qu'il vouloit absolument qu'il s'imprimast, il me demanda si j'avois quelque bénéfice vacant en Bretagne et que de plus il vouloit faire escrire à Monseigneur Mazarin qu'il me procurast de delà en France quelque chose d'avantageux, sçachant bien, ajouta-t-il, qu'il ne nous vient plus rien icy de France dont nous puissions gratifier les personnes de mérite qui sont en cette Cour. Sur quoy, ayant remercié Sa Sainteté, je la suppliay très humblement de trouver bon que lorsque l'occasion s'en présenteroit, je pusse me prévaloir de la recommandation qu'il luy plaisoit m'offrir auprès de Monsieur Mazarin. Ensuite je fus rendre compte de tout ce qui s'estoit passé à Son Éminence, qui me fit la faveur de me confirmer tout ce que le Pape m'avoit promis, y ajoutant encore quelques offres de son costé. A un mois de là, estant vaqué un canonicat de Dol en Bretagne, Son Éminence m'en voulut gratifier suivant la grace du Pape ; mais M^r le Cavalier del Pozzo, qui est la personne à laquelle après vous, Monsieur, j'ay le plus d'obligation, ne me conseilla pas de l'accepter, à cause de cet Édit de résidence que l'on fait aujourd'hui garder avec tant de rigueur, que Son Éminence a contraint mesme de ses gens à y aller. Je fus donc remercier Son Éminence de cette grace, que j'estimois infiniment, mais que je ne croyois pas devoir accepter puisqu'elle pourroit m'obliger à quitter un jour son service, et que si j'étois si malheureux un jour qu'il falust que j'en fusse banni, je ne doutois point que Son Éminence n'eust assés de bonté et d'authorité pour m'envoyer à un exil honorable, comme elle a fait Mr Suarès et trois autres de ses gentilshommes. A cela, Elle me respondit qu'elle l'auroit fait très volontiers, mais qu'elle n'en avoit aucun moyen, si ce n'estoit de me donner quelque titre *in partibus*, n'y ayant point d'Évesché en France dont Sa Sainteté disposast. » (A Peiresc, le 4 Avril 1636.)

Un évêché, in partibus *ou ailleurs, voilà en effet ce que voulait Bouchard, ni plus ni moins, et ce qui le rendait si difficile. Il raconte ensuite les conférences qu'il a eues à ce sujet « avec le Père Charlot, Père assistant en France des Pères Jésuites », lequel lui a promis de gagner le Confesseur du Roi; il a obtenu de Barberini une lettre à ce Confesseur, le Père Gourdon; il a lui-même écrit à Mazarin et il a reçu de Bois-Robert, pour le Cardinal de Richelieu, une lettre où on lit en propres termes:* « Aux premières occasions qui s'offriront, nostre maistre sera bien ayse de contribuer quelque chose de son crédit et de son authorité, pour accomplir le dessein que vous avez de votre prélature. » *Il supplie Peiresc de tenir le tout secret, de peur d'une contre-mine, ne se dissimule pas que* « c'est une affaire de plusieurs années », *mais que si le savant Provençal veut bien l'appuyer,* « en France, à Rome, par-

tout », il en sortira à son honneur. Une autre de ses lettres est encore plus pressante.

« Le Père Gordon, Confesseur du Roi, qui me fait la faveur d'avoir beaucoup de bonne volonté pour moy et qui a desjà jetté quelques fondements auprès du Roi et de Monseig^r le Cardinal-Duc *pour l'affaire des Éveschés,* m'a escrit par ce dernier ordinaire, que je luy envoyasse un *certificat* de quelque personnage dont la qualité, la vertu et le mérite fust connu; par lequel il fist foi comme j'estois capable de toutes sortes de bénéfices et particulièrement d'Éveschés, tant pour la qualité et l'âge, que pour la bonté de vie et de doctrine, et me promet qu'ayant cette pièce en main, il se fait fort de me faire réussir quelque bonne affaire pour moi. Comme je ne connois personne qui ait toutes les conditions que le Père demande en degré si éminent que vous, Monsieur, et qui m'ait fait la faveur de se hazarder à me prester des louanges si excessives et des témoignages si fort au-delà de ce que je vaux auprès des grands, comme il vous a plu faire auprès du Cardinal Barberini et autres personnages de marque en cette Court : aussi vous ai-je voulu communiquer ceci premièrement qu'à tout autre, pour prendre vostre avis et vos ordres là-dessus ; car de vous prier qu'il plaise faire cette attestation pour moy, mon peu de mérite me fait craindre que ce ne fust vouloir engager vostre réputation et faire tord à l'estime que l'on fait partout très grande de vostre jugement et prudhomie. Néanmoins, quand je considère d'un autre costé vostre extreme générosité et vostre bonté excessive, j'espère obtenir de vous tout ce que vous jugerez estre dans les termes de l'honnesteté et de la bienséance, dans lesquels je proteste aussi restreindre toutes mes prières. » (A Peiresc, 6 Février 1637.)

Peiresc envoya-t-il le certificat demandé? C'est assez probable, mais Bouchard n'en fut pas plus avancé. Peiresc mourut d'ailleurs peu de temps après, et le solliciteur n'eut plus à compter que sur le grand dispensateur des grâces, messire Jean Chapelain.

Chapelain n'était pas trop mal disposé à son égard; voici en quels termes il en parlait vers cette époque à son ami Balzac:

« Le François Romain qui vous a paru sous le nom de J. Jacobus Bucardus (1) s'appelle Fontenai-Bouchard, et est frère de mère de M*r* Hullon, sçavantazze ou pédant que vous avez veu chez M*r* Du Puy. Il est de ma connoissance depuis douze ans, a l'esprit plaisant, sçait à la perfection les langues et

---

(1) *Bouchard avait envoyé à Balzac, ainsi qu'à Chapelain, son Éloge Latin de Peiresc:* Laudatio funebris Claudii Fabri Peirescii, Senatoris Aquensis, a Joanne Jacobo Buccardo, Parisino *(Venise, 1638, in-4).*

les autheurs de l'antiquité, et, pour l'Italienne, il vaut mieux que beaucoup de Florentins mesmes. Il a traduit la *Congiura de Fieschi* (1), qu'il doit dédier à M. le Cardinal; j'ay peur pour son François despaysé. Il est très galant homme et peut être aymé. » (Janvier 1638.)

L'illustre auteur de la Pucelle *n'aurait peut-être pas demandé mieux que de le pousser à l'Académie Française, comme il le lui offrit, sérieusement ou non, et de lui procurer quelque pension sur la cassette. Mais l'histoire des évêchés, qu'il vint à savoir, le refroidit. Un évêché à Bouchard, c'était trop, et il lui devint décidément hostile, tout en continuant de le leurrer d'espérances et de le combler de félicitations. Il écrivait à Balzac:*

« M.ʳ Bouchard est entré en tentation, comme je vous l'ai mandé, et en méditant une place à l'Académie il a médité au moins un Évesché. Cet air de Rome est des plus contagieux pour les plus déterminés philosophes! » (20 Juin 1638.)

Balzac faisait chorus:

« Que veut dire Fontenay Sainte-Geneviefve ?

---

(1) Ouvrage assez estimé de Mascardi, camérier d'honneur d'Urbain VIII. Bouchard donna sa traduction sous le nom de Fontenay Sainte-Geneviefve; elle est dédiée au Cardinal de Richelieu.

Est-ce nom de seigneurie ou de guerre ou de mystère? J'ay peur que les rieurs ne seront pas de son costé ou qu'il se pourra faire quelque épigramme *in Polyonymum* qui le rebustera de nostre Cour et luy dira sur le sujet de ses prétentions en l'Église, qu'on n'a garde de donner de titre à un homme qui en a pris déjà plus d'une douzaine et qui s'érige lui mesme en ce qui luy plaist... Nostre homme de Rome change son nom en autant de sortes que Tabarin changeoit son chapeau! »

Chapelain, qui se pique d'esprit, lui répond que Fontenay est un village des environs de Paris, « lequel se distingue des autres Fontenays par *l'aggiunta les Roses* », *et que ce personnage* « a pris ce nom, superinduit par grandeur à celui de Bouchard, lorsqu'il fit le voyage à Rome ». *Pour Sainte-Geneviefve,* « c'est quelque nouveau desguiscment dont l'étymologie lui est inconnue ». *(17 Septembre 1639.)*

Sur ce, Bouchard avait eu une idée qui acheva de le perdre. C'était d'utiliser feu Peiresc et de tâcher que le mort lui devînt de plus de profit que le vivant. Il entreprit d'ériger à la mémoire de son ami défunt, dont le monde lettré regrettait la perte, un Tombeau monumental, de faire confectionner un recueil de vers à sa louange dans toutes les langues parlées sur la surface entière du globe. C'est le fameux Monumentum Romanum Nicolao Claudio Fabricio Peirescio, Senatori Aquensi, doctrinæ virtutisque causa factum *(Rome, typis Vaticanis, 1638, in-4°), qui se compose de l'Éloge Latin de Peiresc, par Bouchard, et d'une* Panglossia *ou suite de quarante-six pièces en Hébreu, Syriaque, Persan, Géorgien, Arménien, Éthiopien, Slavon, Copte, Russe, Polonais, Albanais, Japonais, Péruvien, etc., etc. Il comptait ainsi étonner l'univers et, mis en évidence par ce coup d'éclat, obtenir son petit évêché. Ses bons amis de France, qui ne craignaient rien tant que de le voir réussir, creusèrent une contre-mine, éventèrent la mèche : Bouchard n'y gagna que d'être livré par eux au ridicule. Chapelain, avant de recevoir le livre, commence par l'en plaisanter sur le ton d'une fine raillerie :*

« Si vous estes demeuré dans les langues générales, je ne scay où vous avez trouvé des gens qui parlent et riment en Moscovite, Tartare, Japonois, Mexicain et Péruvien. J'ay peur que vous n'y ayez employé tous les dialectes de l'Italie et que vous ne m'ayez appresté à lire et à deschiffrer en des vers et des idiomes que Panurge ne scavoit pas. » (*A Mr Bouchard, 6 Janvier 1639.*)

Toutefois, le livre reçu, il fait semblant d'en être émerveillé et félicite chaudement son auteur :

« Vostre *Panglossie*, ce dessein généreux de célébrer la vertu de Mʳ Peiresc en toutes les langues connues, m'a piqué l'âme, et donné une estincelle de chaleur à ma veine refroidie. Il seroit honteux à nostre nation que la magnanime Italie eust bien voulu glorifier un François par tant de démonstrations d'estime, et que les François mesmes eussent négligé de l'honnorer. J'ay voulu sauver mon pays de ce reproche... » *(A Mʳ Bouchard, 26 Juillet 1639.)*

Il y va donc de son petit sonnet, s'arrangeant néanmoins de façon qu'il ne pût paraître dans la Panglossie, de peur qu'une perle de si belle eau se trouvât perdue en un amas de toutes sortes de choses. Avec son compère Balzac, il prend sa revanche et drape joliment le seigneur Panglottiste ; quelques extraits de leur correspondance vont nous faire voir quelles aménités ils échangèrent à ce sujet :

« A quoi songe le seigneur Jean-Jacques avec son espouvantable titre de *Panglossie ?* Pour aller jusqu'à quarante, il faut qu'il y en ait vingt-trois que Scaliger ignoroit. » *(Balzac à Chapelain.)*

« Je fus aussy espouvanté que vous au premier

éclat de ce tonnerre de Panglossie, et je lui refusay mon consentement » (d'insérer le fameux Sonnet) « dans l'opinion que son autheur auroit fait quelque grande disparate dans ce recueil dont il me donnoit avis... Le seigneur Panglottiste, à vous dire le vray, est un courtisan Romain qui fait le pantomime et se met en toutes postures pour plaire et pour parvenir. Il a fait venir un mal de cœur estrange aux Muses Putéanes (1) depuis qu'il les a sollicitées publiquement et effrontément de travailler de deçà auprès de Son Éminence pour le faire couvrir d'une mitre et armer de quelque bon pastoral. » *(Chapelain à Balzac.)*

« Les Muses Balzacides n'en sont pas moins desgoutées que les Putéanes. Que je suis mal édifié du Parasite Italien ! » *(Balzac à Chapelain.)*

« Toute cette panglossie est une happelourde pour faire beaucoup de bruit à peu de frais et donner de la réputation à son auteur parmi les Suisses et les Bergamasques. C'est saltimbanquer et jouer des gobelets que de prendre ces voyes extraordinaires pour faire parler de soy et aller a ses fins. » *(Chapelain à Balzac.)*

Ces fragments de lettres sont de Juillet à Décembre 1639. Cela n'empêcha pas Balzac de tailler ensuite sa meilleure plume pour écrire en ces termes au Para-

---

(1) *Les frères Du Puy.*

site Italien, qui lui avait envoyé quelques bribes des travaux de son ami Holsteinius :

A Monsieur l'Abbé Bouchard.

« Monsieur,

» Je ne doute point des grandes richesses de M. Holstenius, je me plains seulement de son bon mesnage. Que sert l'abondance sans la libéralité, qu'à faire changer de nature au bien et à resserrer ce qui veut s'espandre? Il faudroit qu'il possédast moins ou qu'il donnast davantage : et quoy que je sçache qu'il amasse pour la Postérité, et qu'il enrichira nos Neveux, il me semble qu'il ne devroit pas cependant nous déshériter, ni garder la meilleure partie de sa gloire pour un Avenir qu'il ne verra point. Soyez donc nostre Solliciteur auprès de sa docte Seigneurie, et dites-luy de la part de tous les Grecs et de tous les Latins de ce Royaume, que nous avons droit sur ses papiers, et qu'il est plus obligé d'instruire son Siècle que celui des autres. N'estant pas de ces stériles, qui couvent toujours les bibliothèques, sans jamais rien engendrer, on s'attend qu'il naisse quelque chose de grand de la longue communication qu'il a eue avec celle du Vatican. J'ay reçeu ce que vous m'avez fait la faveur de m'envoyer de sa part. C'est de la pourpre et du brocatel, je le vous avoue; mais ce n'est qu'un échantillon, et il n'y en a que pour habiller une poupée : j'en voudrois pour faire un ameublement et je demande les pièces entières. Je suis, Monsieur, vostre, etc. De Balzac, le 14 Mars 1640. »

Au fond, Balzac et Chapelain avaient eu peur un moment que la Panglossie n'attirât trop les regards de Richelieu sur son auteur et ne lui valût au moins quelque bon mandat sur la caisse des gratifications, qu'il ne tondît de ce pré la largeur de sa langue. Ils se rassurèrent, par cette considération très simple que Balzac suggérait à son inquiet compère: « M⁺ *le Cardinal souffre volontiers les panégyriques et il en paye quelques-uns, mais il n'a que faire d'oraison funèbre pour des gens qui ne le touchent en façon quelconque.* » (*Balzac à Chapelain, 15 Décembre 1639.) Bouchard en fut donc pour ses frais et continua de ne toujours rien voir venir. Peu de temps, au reste, le séparait du terme de sa vie et de ses tribulations. Il s'était brouillé avec le Cardinal Barberini, chez lequel il occupait une modeste place de secrétaire des Lettres Latines. On négocia un accommodement et Chapelain (Lettre à Balzac, 15 Janvier 1640) nous apprend que la paix se fit* « *à condition qu'il vuideroit Rome et viendroit garder nostre frontière en qualité de cha-*

noine de *Verdun* ». *Bouchard refusa sans doute ce canonicat, comme il avait refusé le bénéfice de Dol en Bretagne. Reçut-il des coups de bâton pour s'être mêlé de la querelle de l'ambassadeur de France avec le pape Urbain VIII? Un passage d'une lettre d'Henri Arnault à Barillon, du 18 Mai 1641, relevé par M. Paulin Paris, confirme cette bastonnade :* « *Il y a décret à Rome contre un nommé Le Prevost, qui est à M*^r *le Maréchal d'Estrées, et qui est soupçonné d'avoir battu Boucard* (sic). » *Ce passage détruit en même temps l'assertion de Tallemant, qui fait mourir Bouchard en 1640 ; mais on ne voit pas bien comment il indiquerait nécessairement 1642, ainsi que le veut M. Paulin Paris, pour date de cette mort. On lit, d'autre part, dans le* Chevaneana *ou* Fragment de Mélanges *de M*^r *Jacques-Auguste de Chevanes, que Bouchard* « *mourut à Rome, de regret de n'avoir pu obtenir la place de secrétaire du Conclave, parce qu'il ne put avoir l'agrément de l'Ambassadeur de France* ». *La réunion du Conclave pour l'élection d'Innocent X, successeur d'Urbain VIII, n'eut lieu qu'au mois d'Août 1644. Quoi qu'il en soit, un peu plus tôt, un peu plus tard, Bouchard quitta ce monde sans atteindre le but de ses rêves, la mitre et le pastoral. Comme le héron de la fable, il s'était montré dédaigneux, laissant passer l'heure favorable de happer brochets, carpes et tanches : la mort lui épargna le dépit d'avoir à se contenter d'un limaçon.*

Paris, Octobre 1881.

ALCIDE BONNEAU.

MÉMOIRES
DE
Jean-Jacques Bouchard

Première Partie

CONFESSIONS

CLEF

DES NOMS DE PERSONNES ET DE LIEUX (1)

Αγαμεμνων	περε	père.
Αγλαυρος	Κλαιρε	Claire.
Αλεξανδριε	Παρις	Paris.
Αλλισθεε	Ισαβελλε	Isabelle.
Αρδων	Ριγαυλτ	Rigault.
Αρθενικη	Καθερινε	Catherine.
Δροζος	Ροζεε	Rozée.
Ελαιος (2)	Λ'υιλλιερ	L'Huillier.
Επικουρος	Γασσενδι	Gassendi.
Ερμιονη ou Ερομενε	σοευρ	sœur.
Κλυτεμνεστρα (3)	μερε	mère.
Κορινα	Μαριε	Marie.
Ναιοκρηνε	Φουτεναι	Fontenay.
Πελεος	Πελλαυτ	Pellault.
Ποντιφε	Ευεσκε δε Διγνες	Évesque de Dignes.
Πυλαδης	Μαρχανδ	Marchand.
Scopa	Λαβροσσε	Labrosse.
Τυβερο	Λα Μοττε	La Motte.
'Υλλων	φρερε	frère.

(1) Cette clef, de l'écriture même de Bouchard (sauf la troisième colonne, qui n'est que la répétition en caractères Français de la deuxième), se trouve placée dans le Manuscrit à la suite des *Confessions* (folio 27).

(2) Ou Ελεος.

(3) Elle est aussi appelée Νικεε vers la fin des *Confessions*.

LES
CONFESSIONS
DE

JEAN-JACQUES BOUCHARD

ΡΕΣΤΗΣ (1) n'estoit encore qu'en la première fleur de son age (2); et si néantmoins, par le continuel estude de la Philosophie où l'avoit embarqué son cher ami Πυλαδης (3), il avoit tellement appaisé les troubles des affections violentes et des appétis desreglez dont la jeunesse a accoustumé d'estre

---

(1) Oreste, pseudonyme de l'Auteur.

(2) C'est-à-dire âgé de vingt-trois ans, en 1629, comme il ressort de la suite.

(3) Pylade : son ami Marchand.

agitée, qu'il s'en falloit peu qu'il ne fust arrivé à l'exemption de passion des Stoïques. Car s'estant premièrement, par un oubli voluntaire, guéri des maux passez que lui avoit apporté la perte de son premier ami Αρδων (1) et de sa bonne sœur Αγγελικη (2), il s'estoit muni de patience contre la tyrannie qu'exerçoient cruellement sur lui Αγαμεμνων (3) et Κλυτεμνεστρα (4); et, ayant abandonné tous ses premiers desseins qui lui avoient inquiété l'esprit l'espace de plusieurs années, ou de s'enterrer tout vif dans un monastère, ou se jetter dans un nouveau esclavage du service de quelque grand pour éviter celui de ses parens, il s'estoit enfin résolu de les supporter, non seulement avec courage, mais encore allègrement. Et, à cet effet, il retrancha l'estude pénible de la critique et de la grammaire, à quoi il s'estoit autrefois appliqué avec ardeur, partie par ostentation, comme aussi

---

(1) Ardon : Rigault. Peut-être un fils de Nicolas Rigault (1579-1654), éditeur de Tertullien, avec lequel Bouchard était en relations pendant son séjour à Rome. (Voir sa lettre à Pereisc en date du 11 Février 1634, publiée par M. Tamizey de Larroque dans le *Cabinet historique*, 1881, page 73).

(2) Angélique : première sœur de Bouchard.

(3) Agamemnon : Jean Bouchard, père de l'Auteur.

(4) Clytemnestre : Catherine Noyan, femme de Jean Bouchard, mère de l'Auteur. Il l'appelle aussi Niquée (Νικεε).

pour, en acquérant de l'estime, pouvoir se procurer quelque condition avantageuse où il pust se retirer à l'abri de la persécution domestique; et fit dessein de ne plus chercher d'oresnavant que la beauté et le plaisir dans les livres. Auxquels il joignit encore de plus le divertissement de la musique, qu'il fit prendre aussi à son frère Υλλων (1), à sa belle χουσινε Αρθενικη (2), et à son ami Πυλαδης : lequel estant devenu en cette occasion esperdument amoureux de la beauté du visage et de l'esprit de cette fille, et des charmes de sa voix, il receut autant de mal et de fascherie de ce passetemps, qu'Ορεστης en eut de contentement et de satisfaction. Qui a esprouvé les effets de la musique si puissans sur son tempérament, qu'il leur attribue la cause de la santé extraordinaire dont il jouit depuis trois ans sans interruption (3), et recognoit qu'il tenoit en partie d'eux la gayeté et le repos d'esprit dans le-

---

(1) Hullon, fils d'un premier mari de Catherine Noyan, mère de l'Auteur. Hullon possédait en Languedoc le prieuré de Cassan (à deux lieues d'Agen), dont le revenu s'élevait, bon an mal an, à huit mille livres de rente. (Tallemant des Réaux, *Historiettes*, édition en 9 vol. in-8º, tome VII, p. 158 et suiv.)

(2) Arthenice : Catherine.

(3) Ceci indique à peu près la date de la rédaction de ces *Mémoires* : Bouchard les écrit trois ans au moins après son arrivée à Rome, soit, au plus tôt, en 1634.

quel il vivoit depuis quelque temps, lorsque l'Amour, envieux de le voir, à l'age de vingt et trois ans, jouir desjà des priviléges d'une mure vieillesse, l'embarqua dans l'affection d'une fille, où il y a fait esprouver toutes les fortunes et toutes les tempestes que les poëtes les plus amoureux ayent jamais descrites.

Ce fut en l'année CIƆ IƆC XXIX (1), que Clytemnestre ayant à son ordinaire mené par force à vendanges à Ναιοκρηνη (2) Ορεστης, elle voulut exercer sur lui une nouvelle sorte de tyrannie, le faisant tenir tout du long du jour près d'elle, ou à lui lire quelque bagatelle, ou bien à la mener promener : où lors elle desployoit les forces de son éloquence criarde et injurieuse. Dont Ορεστης voulant s'exempter, et se voyant privé de toute autre conversation agréable d'amis, il résolut de se jetter entièrement dans la solitude; de sorte qu'hors les heures du dormir et du manger, il se tenoit continuellement caché dans quelque bois esloigné, ou quelque mon-

---

(1) 1629. Jean-Jacques Bouchard avait bien alors vingt-trois ans, étant né le 30 Octobre 1606. (Voir ci-après, début de son voyage à Rome.)

(2) Naiocrène : Fontenay. On lit dans les *Historiettes* de Tallemant des Réaux (tome VII, page 158) : « Il se disoit seigneur de Fontenay, parce que son père avoit je ne sçay quelle chaumière dans Fontenay-aux-Roses. »

tagne escartée, ne prenant avec soi pour compagnie qu'un Senéque, et un livre d'airs. Là, il apprit ce que c'estoit de la vie solitaire, et qu'elle n'est point si horrible ni si mélancholique que l'on la figure : que si elle a quelques incommoditez, elle possède aussi en récompense de très grands avantages, se pouvant dire la mère de la liberté, du repos et de la vraye Philosophie, qui ne consiste pas à lire ni à disputer, mais en la profonde et forte méditation des choses d'ici-bas.

C'estoit à quoi Ορεστης employoit la plus part du temps qu'il demeuroit ainsi retiré; et lorsqu'il lui estoit venu quelque pensée extraordinaire, il l'alloit communiquer à un galant homme de Feuillant, qui demeuroit dans un petit hermitage là auprès; et c'estoit là le seul commerce qu'il eust avec les hommes, s'estant interdit tout autre, même avec ceux du logis, à qui il ne parloit que fort peu ou point du tout. Et il y avoit un mois qu'il gardoit ce silence solitaire, lorsque un matin s'estant allé promener dans le clos de la maison, il rencontra dans une vigne υνε πετιτε φιλλε κε Κλιτεμνεστρε αυοιτ τρευυéε δεμανδαντ λ'αυμοσνε παρ λε υιλλαγε: ελλε λ'αυοιτ πρισε δεπυις υν ιουρ ου δευξ χες ελλε πουρ γαρδερ λες υαχες (1). L'abordant,

---

(1) Une petite fille que Clytemnestre avoit treuvée demandant l'aumosne par le village : elle l'avoit prise depuis un jour ou

comme à une nouvelle venue, il lui demanda son nom, son age et son païs; et voyant qu'elle faisoit extraordinairement la honteuse et la simple, il lui vint un caprice d'esprouver seulement par plaisir si l'argent avoit autant de pouvoir sur les esprits de village comme sur ceux des villes. Il lui met donc υνε κουπλε δε σολς dans la main, et aussitost, la résistance commenceant à s'affoiblir peu à peu, elle se laissa coucher, et toucher partout. Ορεστης ayant fait rencontre d'un petit αντρε ου λα μουσσε νε φαισοιτ ενκορε κε ποινδρε, ετ κι αυοιτ τουτες λες απραρευσες δε γ'αυοιρ jamais εστέ άβιτέ (1), pour l'amour qu'il commenceoit à porter aux lieux solitaires, il lui prit à l'heure envie de visiter quelquefois ce petit désert, et principalement à cause du peu de difficulté qu'il y avoit d'y parvenir, ayant arresté le prix à υν σολ περ νολτα (2).

Ayant donques donné le rendez-vous à cette φιλλε, le soir au mesme lieu : comme il voulut faire son

---

deux chez elle pour garder les vaches. — Nous laisserons au Lecteur le soin de déchiffrer les caractères Grecs qu'il rencontrera dans la suite, nous bornant à expliquer les mots d'apparence bizarre, comme ὀχέ pour *hoché* (page 10), et quelques autres.

(1) Habité. La lettre *h* n'existant pas en Grec, Bouchard, en bon humaniste, ne manque pas de la remplacer par l'esprit rude.

(2) Un sol *per volta*, c'est-à-dire par fois (*Italien*).

entrée *in monte ficale* (1), la *stretezza* (2) des lieux, et la froideur qui a accoustumé de le saisir en telles actions, lui esmoussa tellement sa pointe, qu'il ne put jamais passer outre. Dont tant s'en faut qu'il se faschast et troublast, comme il avoit fait d'autres fois que cela lui estoit arrivé, qu'au contraire cet accident lui fournit toute la nuit suivante des pensées les plus agréables et les plus sérieuses qu'il ait eu de sa vie. Car, sitost qu'il fut couché, il commencea à philosopher profondément sur la rébellion que faisoit continuellement, dans toutes les plus belles occasions, ce membre du milieu à la partie supérieure; et voulut sçavoir si le deffaut venoit d'elle ou de luy. C'est pourquoi, voulant bien cognoistre l'origine et la cause de son mal, il commencea, premièrement, à en considérer les effets, et se rappeler en la mémoire tous les symptomes, par leur ordre, qu'il treuva avoir tousjours esté tel pour l'ordinaire :

Devant que se treuver avec quelque φεμμε, il estoit dans des ardeurs et des impatiences nompareilles tout le temps qu'elle estoit absente : puis, en la présence, aussitost il se sentoit frappé de je ne sçai quelle mauvaise honte si opiniastrement froide, que

---

(1) Italien : le mont à la figue.
(2) Id. : l'étroitesse.

ni la chaleur du devis, ni du vin, ni des caresses, ni des baisers mesmes ne la pouvoit surmonter : il en falloit venir à une forte et puissante opération de main, et après avoir bien πρεσσί, ὀχί (1) et. φροττέ une grosse heure durant jusques à la lassitude de l'un et de l'autre, et s'estre imaginé toutes les plus rares beautez qui soient au monde (car Ὀρέστης a cette humeur de ne songer jamais en ces actions-là à l'objet présent, mais à quelque autre dont la seule vue lui aura autrefois plu), il ne succédoit autre chose qu'une excessive sueur, suivie incontinent après d'un frisson si violent, qu'il n'y avoit si petite partie de son corps qui n'en fust esbranlée avec une espèce de convulsion. Ce qui luy causoit une telle dissipation d'esprits, qu'il demeuroit comme esvanouy une bonne espace de temps. Que si, après cela, il pensoit solliciter et presser de nouveau son bidet ombrageux, c'estoit lors qu'il recommençoit de plus belle ses quintes et son opiniastreté; car il l'a vu mille fois se dresser, puis, au mesme instant qu'il le vouloit faire entrer, tomber plus mort que jamais. Enfin, après deux ou trois heures de cet esbatement, la plus grande satisfaction qu'il en pouvoit tirer, mais ce encore rarement, c'estoit quelque trois ou quatre gouttes de σπερμε, qu'il laissoit encore aller

---

(1) Hoché.

avec une telle malignité, qu'alors, au lieu de se mettre en estat, il estoit plus plat et flasque que jamais ; et, au lieu d'apporter la volupté ordinaire, il donnoit de la douleur. Ces efforts extraordinaires estoient suivis d'une telle lassitude, qu'il falloit plus d'une nuit pour s'en tirer, et les marques en restoient plus d'un jour sur le visage.

Après avoir fait cette exacte anatomie de son mal, Ορεστης se mit à en rechercher les causes : si elles venoient, ou de son premier et naturel tempérament, ou des désordres de sa jeunesse, dont il fit une revue à cet effet.

Il se souvint qu'à peine avoit-il huit ans, qu'il commencea à γριμπερ δες πετιτες δαμοιζελλες qui venoient jouer avec sa sœur : car, au lieu de leur μεττρε δε πετιτσ βαστονς δανς λε κυλ, κομμε φοντ λες πετιτς ενφανς φειγναντς δε σε δοννερ δες κλυστηρες (1), il les ενφιλοιτ γαιλλαρδεμεντ, ne sachant néantmoins ce qu'il faisoit ; et n'apprit ce que c'estoit de 6εσσογνερ pour le moins de trois ou quatre ans après, que son frère le lui dit ; ce qu'il imprima si bien dans sa mémoire, qu'il se souvient encore à cette heure du jour et du mois, qui fut un vendredi matin, en Mai.

Estant parvenu à l'âge d'onze ans, il treuva de

---

(1) Clystères.

lui-mesme le moyen de βρανλερ λα πιxxε, en cette façon :

Une après-disnée, comme il estoit dans une petite estude assis sous une table sur une pierre, ρεγαρδαντ σον υιτ ετ λε μανιαντ, il sentit je ne sçai quel chatouillement extraordinaire, ce qui le fit recommencer une autre fois avec plus d'attention. Et y ayant treuvé un goust nompareil, il commencea de là en hors à perfectionner cet art dont il s'imaginoit estre l'inventeur ; l'apprenant aux petits laquais de chez luy et à quelques enfans de ses voisins. Et fut environ quelque deux ans exerceant ainsi ce mestier, dont luy-mesme ne sçavoit pas le nom, y prenant un grandissime plaisir encore qu'il νε ιετταστ (1) αυxυνε σεμενσε, la chaleur et les esprits seuls causant ce chatouillement, ainsi qu'il a pensé depuis.

Elle ne commencea à paroistre qu'environ les treize ou quatorze ans, vers lequel temps l'on l'envoya au collège de Calvy (2) ; où il fut aimé et caressé de plusieurs à cause des belles et rares inventions

---

(1) Jettast.
(2) Le collège de Calvy (ou Calvi), était appelé aussi *la Petite Sorbonne*, du nom de son fondateur, Robert Sorbon, qui avait voulu en faire une école préparatoire au collège de Théologie, devenu si fameux sous le nom de *Sorbonne*. On y enseignait les humanités. Ce collège de Calvy, dont les bâtiments attenaient à ceux du collège de Théologie, fut supprimé par le cardinal de Richelieu et remplacé par l'église actuelle de la Sorbonne.

qu'il avoit treuvé en ce mestier : voulant que l'on eust toujours devant soi quelque bel objet, comme δες φεμμες νυες, ou δες κονς et δες υιτς δε κιρε (1), lorsque l'on estoit seul; et que l'on eust des poches de peau où le poil fust en dedans, ou des casses d'escritoire pour φουρρερ σον υιτ δεδανς, et ce tousjours devant le feu s'il y avoit moyen, le plaisir y estant double. Il y avoit d'autres secrets quand l'on estoit en compagnée (2), qu'il alloit exercer avec quelques-uns de ses compagnons tous les jours de congé, dans le clos des Chartreux (3), vers une grotte qui est là; et là, sur l'herbe, le haut de χοσε (4) bas, ils faisoient ensemble μιλλε βελλες ποστυρες, σανς νέαντμοινς jamais σ'ενφιλερ τουτ à φαιτ. D'autres fois ils alloient dans quelque église et, se mettant auprès quelques belles damoiselles, ils σε βραυλοιεντ λα πικκε l'un à l'autre. Il aima plusieurs δε σες κομπαγνονς πουρ σελα (5), comme les deux Mangeots, Durand, Donon, la Brunetière, le Noir, Drouin et

---

(1) Cire.

(2) Bouchard écrit généralement *compagnée* pour *compagnie*.

(3) Le couvent des Chartreux, détruit en 1790, était situé sur l'emplacement actuel du jardin du Luxembourg (partie Sud). Le clos ou jardin se trouvait sur le côté, près de la rue d'Enfer.

(4) Chausse.

(5) Cela.

autres, Goulu, Loiseau et De Furnes : l'ayant appris à ces trois derniers. Mais il devint furieusement amoureux de Bouthillier et de Bellièvre (1); il υιντ ὰ βουτ ενφιν du premier, et σε δοννερεντ λονγ τεμπς βον τεμπς ensemble. De Bellièvre, jamais il ne πυτ βραυλερ qu'une fois avec luy : encore, πουρ λε τροπ γρανδ δεσιρ qu'il avoit de bien faire, il ne put jamais αρσερ (2), et ce fut là le premier καπρισσε (3) δε σον υιτ.

Il mena cette vie-là tout le temps qu'il fut au collège, c'est-à-dire depuis les treize jusques à dix-huit ans, σπερματιζαντ τους λες ιουρς (4) δευξ φοις δ'ορδιναιρε, λε πλυς σουυεντ τροις ετ κατρε, sans jamais se donner de relasche ni d'intermission qu'aux κατρε βοννες φεστες δε λ'αν, où il δεμευροιτ huit ou dix jours sans rien faire; et jamais il n'a pu passer quinze jours entiers, quoy que la δένοτιον λε γουρμανδαστ ασσεζ.

En ce temps-là, non content de cela, il βεζογνοιτ

---

(1) Pour les raisons données dans l'Avertissement, nous ne chercherons pas à établir l'identité des camarades de collège de Bouchard.

(2) Arser, du Grec αἴρειν, lever, dresser; d'où ἄρρην ou αρσην, mâle, viril.

(3) Caprice.

(4) Jours.

αυ λογις υνε πετιτε φιλλε δε χαμβρε (1) νομμεε Ανγελικη, en la chambre de laquelle il κουχοιτ (2). Κεττε φιλλε αυοιτ υνε φανταισιε δε νε ποιντ σε λαισσερ αππροχερ κανδ ελλε εστοιτ εσυειλλεε; μαισ πουρυευ qu'elle pensast que l'on creust qu'elle δορμοιτ, ελλε σε λαισσοιτ τουτ φαιρε, δε σορτε κε τουτες λες νυιτς Ορεστης λ'ενφιλοιτ, tant que la posture δ'υνε φιλλε qui fait σεμβλαντ δε δορμιρ le peut permettre, et quelquefois de jour encore; car, quand sa maistresse estoit sortie, elle φειγνοιτ δε σ'ενδορμιρ εν λα πλυς βελλε ποστυρε δυ μονδε : ελλε σε μεττοιτ à γενουξ, λα τεστε κοντρε τερρε ετ λε κυλ εν αυλτ (3), de sorte qu'Ορεστης lui faisoit facilement l'*argomento* (4) παρ δερριερε, ιν φικα (5) tousjours néantmoins.

Κεττε φιλλε εσταντ σορτιε δυ λογις, et luy ayant quitté le collège, il commencea à vivre un peu plus règlement (6), n'ayant plus d'occasions : non pas si austèrement néantmoins qu'il n'ait continué, jusques environ il y a un an, à βουλερ τους λες ιουρς une fois, et quelquefois deux. De sorte qu'Ορεστης

---

(1) Chambre.
(2) Couchoit.
(3) Hault.
(4) Italien : *far l'argomento*, faire l'affaire.
(5) Id : *in fica*, dans la figue, *in cunno*.
(6) Régulièrement.

ayant treuvé que, depuis les onze ans jusques à vingt-quatre, il n'avoit presque fait autre chose que d'employer σον ουτιλ, il conclut que les fautes qu'il faisoit provenoient plus tost du relaschement et affoiblissement que lui avoit causé le trop long et continuel service dont il estoit comme usé, que de sa constitution naturelle. A laquelle pourtant l'on peut attribuer quelque chose : Ορεστης estant premièrement de complexion fort ténue et foible, pour ce qui est du corps; puis son tempérament, estant presque également prédominé de bile et de mélancholie, lui fait concevoir d'abord très vivement en l'imagination le bien et le mal des choses, par la chaleur et activité de la bile; et par après, la froideur de la mélancholie venant à lui glacer le sang, par l'appréhension du mal ou de la honte qu'il y auroit s'il ne jouissoit du bien imaginé, lui fait la plus part du temps perdre la possession du bien présent par la peur de sa perte. Et cette mauvaise humeur exerce sa puissance non seulement sur les parties γένιταλες, mais sur toutes les autres : car il est arrivé bien souvent à Ορεστης, qu'ayant fort envie de dire quelque chose, la langue lui est demeurée immobile, et la mémoire lui a manqué tout à fait; ayant grand désir de courir, les jambes lui tremblent et s'affoiblissent. En un mot, lorsqu'il a plus de passion de venir à bout de quelque chose, c'est lors qu'il y arrive le moins; et quand il a le plus d'appréhension de commettre quelque faute, c'est alors qu'il y tombe le plus tost. De sorte que, pour remédier à cette précipitation d'imagination désobéïe et trahie de ses propres membres, Orestes est contraint, en toutes les affaires qu'il entreprend, de désespérer entiérement du succez auparavant que de commencer : affin que son esprit, se résolvant une fois à tous les inconvénients qui pourroient arriver en cas qu'il vinst à manquer son dessein, il l'entreprenne en repos et sans aucun trouble.

Ce fut par cette résolution qu'Orestes finit la méditation de cette nuit-là : arrestant de se présenter, autant de fois qu'il en auroit l'occasion, αυ κουγρες αυεκ σεττε πετιτε υαχερε (1), quoiqu'il deust faire tousjours les mesmes fautes. Ce qu'il effectua l'espace de près de deux mois, la faisant venir la plus part des nuits à son lict, sans que jamais pourtant il la peust ευφιλερ, nonobstant toutes les salades de rochette qu'il alloit lui-mesme querir à Paris, et qu'il mangeoit tous les jours, avec quantité de satyrion. De sorte qu'il commencea lui-mesme à croire qu'il estoit ιμπυισσαντ, et se réduisit à prendre la κομπαγνέε δε σεττε φιλλε plus pour instruction que pour plaisir. Et ayant été querir à Paris quantité de livres de

---

(1) Vachère.

médecins traitans δε γενερατιονε (1) et choses appartenantes, il se mit à faire sur σεττε φιλλε les expériences des choses plus rares qu'il trouvoit escrites.

Or il arriva qu'un jour il surprit la fille de chambre de Clytemnestre lisant un de ces livres en un chapitre de la description δες παρτιες γένιταλες; et ayant veu que cette fille, au lieu de faire la sotte à la façon ordinaire des autres, commencea à l'interroger sur certains doutes qu'elle avoit là-dessus, il entra si avant en conférence avec elle, qu'il lui fit sur σον προπρε κον des démonstrations manuelles de ce qu'elle n'entendoit pas par l'escriture.

Ille dies primus lethi, primusque malorum
Causa fuit...

Car Ορεστης, attiré par la facilité de cette fille, commencea à prendre plaisir à l'instruire en ces matières; et ayant passé plusieurs nuits toutes entières avec elle en ces discours, et voyant qu'elle y prenoit grand plaisir, il conceut quelque bonne volonté pour elle, et songea aux moyens de passer plus outre.

Cette fille estoit, de tempérament, sanguine et

---

(1) Latin : *de generatione*.

bilieuse : qui d'un costé la rendoit extremement encline et sensible aux plaisirs de Vénus; mais d'autre part elle estoit tellement orgueilleuse, qu'elle tenoit à affront et outrage la moindre recherche qu'un homme lui eust fait là-dessus. Cela fut cause que toutes les violentes poursuites que Ὑλλων fit après elle l'espace des trois premières années qu'elle servit Clytemnestra, n'aboutirent à autre fin qu'à la faire sortir du logis, sans avoir jamais pu obtenir d'elle autre chose que des baisers, et la permission, par l'espace de quinze jours durant, de venir dans sa chambre la nuit *fregarla tra le coscie* (1) : et si faisoit-elle encore la dormeuse.

Après deux ans d'absence, elle rentra au service de Clytemnestra : ayant esgalement creu en son humeur bizarre et en beauté. Elle pouvoit alors avoir quelque vingt-trois ans. La blancheur et la délicatesse de son teint estoient alors en leur fleur ; elle avoit les yeux esveillez, et qui, estant inégalement percez, tesmoignoient que l'esprit n'estoit pas exempt d'extravagance et de caprice ; son poil estoit chastain clair ; sa taille droite et eslaguée ; sa charnure blanche et ferme comme marbre :

Singula quid referam? nil non laudabile vidi.

---

(1) Italien, qu'il nous faut traduire, non en Français, mais en Latin, par : *illam fricare intra femina*.

Mais si elle estoit belle, elle le croioit estre mille fois davantage, et avoit encore meilleure opinion de son esprit que de son corps, prenant un extresme contentement à se sentir louer. Ce fut là l'endroit par où Ορεστης crut la devoir attaquer; et commencea sa batterie un soir, prenant l'occasion d'un refus qu'elle faisoit de se laisser instruire par les démonstrations ordinaires des parties.

« Αλλισβέε (1), » lui dit-il (ainsi se nommoit-elle), « je m'estonne bien fort, comme ayant l'esprit si
» fort relevé par dessus ceux de vostre sexe, vous
» le laissez tomber dans les foiblesses des filles les
» plus idiotes. Si vous me permettez de toucher
» vostre main, pourquoi faites-vous scrupule de me
» laisser manier vos parties basses? N'avez-vous
» pas appris, dans ce livre que vous tenez, que ce
» n'est qu'une mesme chair semblable en substance,
» et différente par l'accident de la situation et de la
» forme seulement? Que si vous m'alléguez qu'il y
» va de vostre honneur, et que, me permettant
» cela, vous me donnez prise sur vous de pouvoir
» passer plus outre, ou du moins de me moquer de
» vous avec mes semblables : je vous réponds,
» qu'outre que vous me faites tort de me mettre au
» rang du commun des autres hommes, cognoissant

---

(1) Allisbée : Isabelle.

» mon humeur et ma façon de procéder tout ex-
» traordinaire, principalement avec vous que j'ai
» toujours estimé devoir estre traitée autrement que
» le commun des femmes, c'est une simplicité que
» de croire que j'aye plus de droit sur ces parties-là
» pour les avoir touchées : sur lesquelles je ne sçau-
» rois exécuter aucun dessein sans vostre consente-
» ment. Et si je me voulois vanter et mocquer, je
» le pourrois aussi bien faire, ne les ayant point
» touchées, que les ayant vues et maniées : toutes
» menteries estant receues pour véritez en ces ma-
» tières. Que si la religion vous tient, je croi que
» vous avez l'esprit trop bien fait pour ne pas dis-
» cerner que l'attouchement, en ces parties-là, n'a
» esté deffendu que lorsqu'il se fait à mauvaise
» intention, mais qu'au reste il est indifférent et
» mesme louable, lorsque l'on le fera pour la fin
» que je désire, qui est mon instruction et la vostre.
» Fortificz-vous l'esprit, Allisbée, et, l'eslevant par
» dessus votre sexe, rendez-le tout-à-fait masle;
» et, pour apporter la liberté et confiance entière
» entre nous deux, imaginez-vous que vous estes
» homme du corps, aussi bien que vous l'estes desjà
» de l'ame : ou bien que, traitant avec moi, vous
» traitez avec une simple et ingénue fille. Et vous
» conjure de vouloir m'aimer comme si cela estoit
» réellement, vous protestant une fois pour toutes

» de ne me comporter jamais avec vous autrement ;
» et lorsque je passerai les innocentes privautez que
» les vierges les plus scrupuleuses pratiquent entre
» elles, je vous permets d'user sur moi toutes les
» violences que vous dictera la vengeance, et me
» priver tout-à-fait de vostre amitié. »

Ces paroles répétées diverses fois eurent un tel pouvoir sur Allisbée, qu'elle se laissa de là en hors parler de toutes choses, et toucher toutes les parties de son corps les plus chatouilleuses indifféremment, avec peu ou point de résistance : passant avec Orestes les nuits entières l'espace d'un mois entier, sans que jamais il lui donnast aucun signe de désirer autre chose d'elle que cette liberté-là, sachant bien que l'humeur orgueilleuse et deffiante de cette fille vouloit estre domtée et trompée par une longue pratique et pleine familiarité. Pour à quoi parvenir, il s'efforceoit de lui rendre par tous moyens sa compagnée agréable et attrayante, se servant entre autres de celui qui tente le plus les femmes, qui est la bonne chère : de sorte qu'il faisoit règlement (1) tous les soirs, après que Clytemnestre et Agamemnon estoient couchez (lesquels Ορεστης enfermoit par dehors à double tour de clef pour plus grande sureté), une petite collation de

---

(1) Régulièrement.

pastez, hypocraz, confitures et autres friandises, à laquelle il convioit Ερομενε (1), Αρθενικη et mesme Αγλαυρος (2), fille qui, outre son humeur universellement envieuse et querelleuse, portoit une jalousie et une haine invétérée de fort longtemps contre Αλλισβεε. Or, pour l'adoucir un peu et l'obliger dans cette petite desbauche, affin qu'elle n'accusast point les autres, Ορεστης se donnoit la patience de lui apprendre à lire une bonne demi-heure chasque soir : ce qui réussit si bien qu'Αγλαυρος non seulement laissoit venir ces trois filles, que Κλυτεμνεστρη lui avoit données en garde, se servant d'elle comme d'espie et de controlleuse dans la maison; mais mesme s'alloit coucher la première, les laissant manger et jouer avec Ορεστης. Et puis, Αρθενικη et Ερομενη s'allant coucher l'une après l'autre, Αλλισβεε restoit seule avec Ορεστης jusques au lendemain matin, qu'Ορεστης s'alloit coucher jusques à midi; et après le disner, il passoit encores quelques heures à jouer et à se promener avec ces filles. De sorte que le voilà tout d'un coup métamorphosé en une autre personne : car de studieux, solitaire et sobre qu'il

---

(1) Éromène, appelée aussi Hermione : Henriette Bouchard, sœur de l'Auteur.

(2) Aglauros ou Aglaure : Claire, femme de confiance de la maison.

estoit auparavant, il se voit engagé insensiblement, et quasi contre son gré, en une perpétuelle desbauche de friponnerie, de jeu, de dance et de desréglement. La bonne opinion qu'il avoit conceue premièrement de l'esprit d'Αλλισθές, et la forte résolution qu'il avoit prise ensuite de le gaigner et dompter entièrement, estimant la victoire d'autant plus glorieuse, qu'il sçavoit qu'une quantité de gents, et principalement Ύλλων, n'en avoit jamais pu venir à bout, fit résoudre Ορεστης à cela et à toutes les extravagances qu'il a faites durant un an. Ce qui lui succéda si bien, qu'Αλλισθές commencea non seulement à lui descouvrir toutes ses actions et ses pensées, mais encores celles de ses compagnes susdites, avec lesquelles elle moyenna autant de familiarité à Ορεστης qu'à elle-mesme : jusques là qu'y ayant une jeune fille de chambre d'Αρθενικη qui estant dévote se laissoit moins approcher que les autres, elle lui joua ce tour-ci pour obliger Ορεστης. La nuit, elle alloit au lit de cette fille et, faisant semblant de follastrer avec elle, elle introduisoit la main d'Ορεστης, qu'elle faisoit tenir à genoux derrière elle, dans les draps *usque ad Veneris aram* (1) : sans que cette fille s'en aperceut qu'un long temps après.

---

(1) Ces mots sont en Latin dans le texte ; traduction : jusqu'à l'autel de Vénus.

Cette vie sembloit si douce, que ni les fréquentes prières d'Υλλων, qui estoit resté à Αλεξανδρια (1), ni la permission que luy donnoit Κλυτεμνεστρα de s'en pouvoir aller, ne le pouvoient faire résoudre à la quitter. Mais à la fin il fut rappelé par la commission qu'Αγαμεμνων lui avoit donnée depuis quelque temps au conseil du Roy, pour vendre certains offices de clerc d'audiance de nouvelle création; tout à propos, ce semble, pour pouvoir fournir à la desbauche qu'il faisoit et qu'il fit par après avec Αλλισ6ές; n'ayant jamais eu auparavant aucun argent durant toute sa jeunesse. Qui est la plus grande obligation qu'il cognoisse avoir à ses parents : cela ayant esté cause que, malgré qu'il en ait eu, il s'est sequestré des compagnies des desbauchez, et s'est réduit de bonne heure à l'estude *per non poter far altro* (2) : à laquelle par après insensiblement il a pris habitude.

Un peu après qu'il fut retourné en Alexandrie, vers la fin du mois de Novembre, Αλλισ6ές y fut renvoyée devant toute seule avec le bagage; et passa deux nuits dans la chambre d'Ορεστης, sans qu'il prinst autre nouvelle liberté, que de pouvoir voir

---

(1) Alexandrie : Paris.
(2) Italien : pour ne pouvoir faire autrement.

à son aise et loisir les parties dont l'attouchement lui estoit permis. Mais ce ne fut pas sans grand'-peine et péril de gaster tout ce qu'il avoit fait auparavant. Car Allisbée s'effaroucha si fort d'abord à cette demande, qu'il fallut plus de trois heures à la rapprivoiser; puis, luy ayant diverti l'esprit par un autre discours, insensiblement il la réduisit à la lui accorder, sous prétexte tousjours de curiosité en ces matières naturelles; dont tout à l'heure après elle se repentit si fort, qu'elle fut plus d'une heure à pleurer. Ces divers mouvements d'esprit balancé entre la mauvaise volonté et la honte, l'amour et l'orgueil, apprirent à Ορεστης qu'il estoit besoin encore de beaucoup de temps pour fixer et affermir cette instabilité d'ame, premièrement que de la vouloir tout à fait faire incliner du bon costé. A cet effet, il se contenta des simples baisers et attouchements accoustumez, tout le long de l'Advent, jusques à la nuit de Noël, qu'estant retourné δε λα μεσσε δε μινυιτ, il la tint dans sa chambre toute seule le reste de la nuit : où il obtint la grace de voir pour la seconde fois, *con la candela accesa in mano, la capella di Venere* (1). Cette permission, donnée avec mille baisers et embrassements plus chauds et plus

---

(1) Italien : avec la chandelle allumée en main, la chapelle de Vénus.

serrez ce sembloit que l'ordinaire, απρες λ'ακτιον, fit concevoir à Ορεστης une bonne opinion de la force de l'esprit de cette fille; et pour l'esprouver, il commencea à passer de la φυσικη à λα μεταφυσικη (1), et lui monstra comme tous ses fondements estoient ruineux et fondez sur λα φουρβερις δες υνς ετ λα νιαισερις δες αυτρες : λυι φαισαντ υοιρ κλαιρεμεντ λα φαυσσετέ ετ φυτιλιτέ δε τους σες μυστερες λες πλυς σπεσιευξ (2). Et voyant qu'elle recevoit ces discours-là avec goust et sans estonnement, ils les continua quelques jours, espérant qu'elle seroit capable d'instruction; mais il fut trompé. Car après que son esprit eut eu loisir de revenir de l'estourdissement que lui avoient causé d'abord ces προποσιτιονς συβλιμες et si παραδοξες (3), elle s'embarrassa dans de si grands doutes et de si fortes inquiétudes, qu'elle retomba dans de plus grandes faiblesses qu'auparavant. De sorte qu'Ορεστης conclut qu'il estoit meilleur pour elle et pour lui aussi de la laisser dans sa première bassesse; de peur que la voulant eslever trop haut, il ne fust cause un jour de sa précipitation en ruine.

 Les jours gras estant venus, soubs excuse de la

---

(1) De la physique à la métaphysique.

(2) De tous ses mystères les plus spécieux.

(3) Paradoxes (ou paradoxales), contraires à l'opinion commune.

desbauche du temps, il attiroit tous les soirs dans sa chambre jusques à minuit Ερομενε par petites collations, jeu de chartes et lecture de romans, à quoi elle se plaisoit fort; et elle amenoit en sa compagnie tousjours Allisbée, qu'elle aimoit si chèrement, qu'elle prenoit autant de plaisir de voir que l'on lui fist des caresses, que si c'eust été à elle-mesme, et faisoit généralement tout ce que vouloit Allisbée. De quoi Ορεστης se sceut fort bien servir, couvrant toutes les visites fréquentes qu'il faisoit le jour dans le γυναιχεε (1), et celles que ces filles lui rendoient les soirs dans sa chambre, de l'affection particulière qu'il portoit à sa bonne sœur Ερομενε. Ce qui fermoit la bouche à Αγλαυρος, qui ne pouvoit souffrir cette préférence d'Allisbée à elle; quoy qu'Ορεστης la cachast le plus qu'il pust, invitant aussi souvent Αγλαυρος et lui apprenant à lire. De sorte qu'elle et Allisbée estoient demeurées d'accord, qu'une nuit, l'une d'elles feroit la garde dans leur chambre, qui estoit proche à celle de Clytemnestre, pendant que l'autre iroit avec Ερομενε jouer à la chambre d'Ορεστης; si bien qu'Αγλαυρος venoit presque réglement de deux nuits l'une. Dont Ορεστης estant infiniment importuné (toutes ces veilles n'estant faites que pour Allisbée), il s'avisa de faire jouer une comédie qu'il

---

(1) Gynécée.

composa, de sorte que le personnage qu'il avoit
destiné à Allisbée parloit le plus souvent, et ce
d'amour, à celui qu'il s'estoit proposé de faire luy-
mesme. En la première distribution qu'il fit des
personnages à tous les valets du logis, il fit semblant de n'avoir point dessein de s'en donner aucun,
ni à Allisbée ; puis, feignant que la fille qu'il avoit
prise pour faire la servante de la comédie ne faisoit
rien qui vaille, il bailla son personnage à Allisbée :
prenant aussi quelque temps après pour luy-mesme
le personnage du docteur, qu'il osta à un valet pour
sa prétendue incapacité. Cela estant ainsi fait, voilà
Αγλαυρος excluse de plus venir les soirs à la chambre
d'Ορεστης, et Allisbée en possession d'y venir toutes
les fois qu'elle auroit la commodité pour répéter son
roollet, et, sous ce prétexte, elle laissoit Eromène
auprès la table lire quelque livre, et s'en venoit s'a-
genouiller auprès du lit d'Ορεστης, qui se couchoit
exprès tous les soirs avant qu'elles vinssent ; et en
récitant en cette posture, elle souffroit toutes les
privautez que se vouloit donner Ορεστης avec la
bouche et la main. Desquelles n'estant pas content,
et voulant arriver à quelque chose de plus substan-
tiel : une nuit qu'elle estoit demeurée seule dans sa
chambre en cette mesme posture, il s'hasarda de
lui prendre la main qu'elle tenoit d'ordinaire entre
les draps sur son estomac, et la lui faire descendre

jusques en l'antre de Priape. Dont s'estant merveilleusement offencée, il prit occasion de lui faire un grand discours sur l'indifférence qu'il y avoit de toucher cette partie-là, ou une autre comme la main, etc.; et sceut si bien haranguer qu'il lui fit promettre que doresnavant il n'y auroit plus d'endroit en leurs deux corps que l'un et l'autre ne touchast indifféremment et ne laissast toucher, pour lever par ce moyen toute deffiance de leur amitié; car toujours Ορεστης

... hoc prætexit nomine culpam,

n'ayant véritablement autre dessein, aux premiers commencements, que de se la rendre amie. Mais enfin,

Qui fuerat cultor, factus amator erat,

et

[Intravit] amicitiæ nomine tectus amor.

Sans que jamais il luy en eust parlé jusques environ la mi-Mars de l'an 1630, qu'une après-disnée, estant enfermez eux deux tous seuls dans la chambre de Κλυτεμνεστρη, il lui descouvrit ingénument qu'il estoit depuis un certain temps esperdument amoureux d'elle, la conjurant de vouloir avoir sa passion pour agréable, et lui protestant que jamais il ne prétendroit à plus haute récompense du service qu'il lui vouloit rendre doresnavant, que les faveurs et les privautez qu'elle lui avoit permises cy-devant. Allisbée là-dessus s'estant offensée diverses fois, puis rappaisée, selon que le désir que cet amour fust vrai, et la peur qu'Ορεστης ne se moquast d'elle, l'agitoient diversement : là-dessus elle s'enfuit toute en fougue, et ne voulut se laisser parler de quelques jours, nonobstant les prières que lui en fit Ερομενε, à qui Ορεστης fit entendre qu'il aimoit aucunement Allisbée, à cause qu'il la voyoit si fidelle et affectionnée à son service; ce que la bonne Eromène crut, et a toujours cru du depuis : de sorte que jamais elle ne s'est scandalizée ni n'a prins aucun mauvais soubçon pour toutes les caresses qu'Orestes faisoit à Allisbée devant elle.

Ce fut là le commencement des quintes d'Αλλισ-βεε, et

Illa fuit mentis prima ruina...

d'Ορεστης; car, prenant à bon escient martel de ces rigueurs et desdains, il fut du depuis presque en continuelle rage et fureur d'amour, ne se passant semaine que cette φιλλε ne lui fist deux ou trois revirades, qui estoient d'autant plus sensibles à Ορεστης, qu'elle les luy faisoit toujours immédiatement après quelque faveur extraordinaire, comme il se verra ci-après. Soit qu'elle le fist pour entretenir l'affection d'Ορεστης, sachant bien que

> *Quod datur ex facili longum male nutrit amorem,*
> *Miscenda est lætis rara repulsa jocis;*

et qu'il n'y a rien qui reschaufe l'amour comme le feu de la jalousie : et pour ce parfois, dans la plus grande aigreur de sa cholère contre Ορεστης, elle faisoit bonne mine à Ύλλων, recevant de bonne part ses caresses. Soit aussi qu'elle fust contrainte à ces changements, par le grand contraste que faisoient en son esprit l'amour et la honte, le désir de volupté et l'orgueil, l'espérance et le désespoir : passions qui la bourellèrent si violemment, qu'après luy avoir à la longue emmaigri et desséché le corps, elles s'attaquèrent si bien à l'esprit, qu'il s'en fallut peu qu'elle ne devinst folle.

Ορεστης, de son costé, souffrit les mesmes accidens en son corps et en son esprit, par le désespoir et la rage que lui causoient ces continuelles mutations, et par l'extresme désir qu'il avoit de se retirer de cette affection, en laquelle il se vouloit mal de mort de s'estre embarqué et dont il ne pouvoit néantmoins treuver l'issue. Et ses troubles d'esprit, et la pthisie où l'avoient réduit ces inquiétudes eussent été suivies enfin ou de folie ou de mort sans l'aide de son cher ami Pylades, auquel n'ayant accoustumé de rien celer, il descouvrit son amour; et Pylades estant pareillement frappé de mesme mal pour une autre Allisbée de ses voisines, ils se consoloient l'un l'autre en s'entretenant et philosophant sur la nature de leurs passions, ou en se divertissant à la musique. Car pour les livres, qui estoient autrefois tout leur bien, ils les avoient tellement abandonnez, qu'Orestes en un an entier ne put jamais achever de lire les *Morales* de Plutarque avec le commentaire Grec, livre qu'il avoit choisi comme un *antidotarium* à sa folie : employant le peu de temps qu'il estoit contraint de s'absenter d'Allisbée, au lut (1), dont il avoit commencé à apprendre au commencement de l'année, malgré et au desceu d'Agamemnon.

Mais, pour retourner au fil du discours de l'histoire : Allisbée estant enfin rappaisée par les prières et les vers qu'Orestes lui faisoit tous les jours (l'amour lui ayant reschaufé la veine poétique qu'il avoit exercée à bon escient en sa première jeunesse, mais qu'il avoit depuis entièrement discontinuée vers les dix-neuf à vingt ans, ayant recognu que sa

---

(1) Luth.

poésie estoit forcée et se deüilloit un peu d'obscurité et de dureté), cette fille, dis-je, estant radoucie, elle agréa l'amour d'Ορεστης, lui promit le réciproque, à la charge qu'au moindre signe qu'il feroit paroistre d'avoir dessein d'attenter à son honneur, elle le banniroit entièrement de sa compagnie. En suite de cela, Ορεστης obtint d'elle qu'ils se verroient toutes les fois que la commodité le permettroit, et que, pour plus grande sureté, le rendez-vous seroit dans la chambre d'Ορεστης, pour estre en lieu fort esloigné et tout au haut du logis. Où, de là en avant, elle ne manqua guères de jour sans y venir, et plus d'une fois, lorsque Κλυτεμνεστρα estoit à la messe, au sermon ou en visite. Là où une fois elle fut surprise par Αλγαυρος qui, ayant la clef d'un grenier proche de cette chambre, comme elle y montait un soir, ayant ouï du bruit, s'approcha de la porte, et fut longtemps à escouter les discours des deux amans enfermez, qu'elle reporta dès le soir mesme à Ερομενη et Clytemnestra : laquelle n'en fit autre bruit que de deffendre à Allisbée de se plus trouver seule enfermée dans la chambre d'Ορεστης, la comédie qui se devoit jouer ayant excusé le reste. Laquelle ayant esté représentée à la mi-Quaresme, avec grande satisfaction de Κλυτεμνεστρα, Ορεστης obtint permission d'elle d'en faire jouer une autre au mois de Mai à Ναιοκρηνε, où Ερομενη mesme et

Αρθενιxε devoient représenter un personnage. Ορεστης s'estoit advisé de cette invention pour pouvoir continuer impunément et sans soubçon les visites et les veilles accoustumées avec Allisbée : à laquelle il avoit formé un personnage aposté pour pouvoir exprimer avec elle toutes les passions de son amour, sous le personnage de Lucidas, qu'il s'estoit destiné et avoit réformé à son usage : ayant pris au reste toute la bergerie de Racan pour représenter : où Pylades devoit faire Alidor, et Αρθενιxε la bergère qui porte son mesme nom, Pylades ayant descouvert à Ορεστης qu'il estoit infiniment amoureux de cette belle fille.

Sous ce prétexte, Ορεστης continuoit à jouir des faveurs qu'Allisbée lui alloit tous les jours augmentant; car, non contente *di toccargli liberamente il cotale, ella lo menava ancora a spazzo* (1); et Ορεστης se servit de cette occasion-cy pour l'y faire résoudre. Un jour, comme Allisbée avoit ses mois, qu'elle appeloit avoir du sucre, Ορεστης, après avoir fait quantité d'expériences pour voir si tout ce que disent les médecins du sang menstrual estoit vray (ce que, par parenthèse, il a trouvé faux : par exemple, qu'il tue les herbes et les boutons de la

---

(1) Italien : non contente de lui toucher librement le *chose*, elle s'amusait encore à le hocher.

vigne; qu'il fasse enrager les chiens; qu'il soit si aspre et corrosif, Ορεστης l'ayant espreuvé sur sa propre langue; qu'il dissoude le bitume du Lac Asphaltide; que sa rouille ne s'en aille jamais de dessus le fer; que les femmes qui ont leurs fleurs ternissent un miroir en se regardant, fassent corrompre la saumure, etc.); après, dis-je, avoir fait des expériences de tout cela, et essayé de descouvrir de quel endroit il sortoit, si c'est des costez du col de la matrice, ou plus tost de son fond, comme il croit qu'il sort, car après avoir long temps farfouillé avec le doigt, il a senti ouvrir la bouche intérieure de la matrice, et en couler quantité de sang; ayant fait tout ce mystère, il dit, sans penser à autre chose qu'à rire, que les hommes aussi avoient du sucre. Ce qu'Allisbée prenant sérieusement, et demandant comme cela pouvoit estre, Ορεστης luy dit que remuant ainsi et ainsi son νιτ, elle en feroit sortir. Ce qu'elle fit en toute simplicité, ce sembloit; puis, ayant veu l'émission, et s'estant esclatée de rire, elle se prit à pleurer à bon escient, peut-estre de honte et de despit d'avoir fait cela. Dont Ορεστης l'ayant consolée, il obtint d'elle de là en avant cette charité, tous les jours que la commodité ou le caprice de cette fille le permettoit : appelant cela entre elle et lui, *faire venir du sucre*.

Quelque temps après, il obtint une plus grande grace d'elle; car s'estant assez souvent corrompu en se frottant contre son ventre, à travers les habits pourtant, et elle n'en disant mot, ains faisant semblant de s'endormir lorsqu'il cultoit (1) le plus fort, il print une fois la hardiesse de lui lever la χεμιζε, et *fregarla fra le coscie* (2) : ce qu'ayant souffert quelque deux ou trois fois, enfin un jour elle fit semblant de se resveiller, et se fascha fort amèrement de ce qu'il y alloit, ce disoit-elle, ainsi en trahison, et de ce qu'il ne luy avoit pas demandé lorsqu'elle n'estoit pas endormie; et demanda à quoy ce mystère-là servoit. Sur quoy Ορεστης lui ayant donné le meilleur galimatias qu'il put, il la conjura de luy vouloir permettre cette faveur-là d'oresnavant; et qu'outre le grand plaisir qu'il y prenoit, ce seroit une nouvelle assurance de son amour et de la confiance qu'elle avoit en luy; et luy promit de ne passer jamais outre un certain signe qu'elle-mesme lui détermina νελλα συα ποττα (3) : qui estoit justement vers les νυμφαι (4) ου πελλικυλες qui bouchent l'orifice extérieur δυ κολλυμ ματρικις (5) : car ainsi il ne la

---

(1) Culetoit.
(2) Italien : *illam fricare intra femina*.
(3) Italien : *nella sua potta,* — *in suo cunno*.
(4) Nymphes.
(5) Du *collum matricis*.

mettoit en aucun danger, et n'y avoit pas plus de péché que μεναρλο κολλα μανο (1). Après plusieurs pleurs, et s'estre assurée qu'il n'y avoit aucun péril, Allisbée accorda la requeste d'Ορεστης, qu'il commença à exécuter sans plus sentir en lui αυκυνε μαρκε δ'ιμπυισσανσε, σον νιτ σε δρεσσαντ αυ πρεμιερ βαισερ : et ce, à cause seulement que son imagination n'estoit point troublée de la trop grande envie δ'ενκοννερ τουτ à φαιτ, et de la curiosité de sçavoir toutes les particularitez du plaisir qu'il y a à la consommation entière de cette œuvre. Car au mesme temps que σον νιτ εστοιτ ainsi obéissant auprès d'Αλλισβεε, il faisoit le rétif et capricieux à son ancienne mode, lorsqu'Ορεστης le vouloit faire entrer νελλα γαββια (2) δε σεττε πετιτε υαχερε, dont l'on a parlé au commencement, laquelle venoit parfois de Ναιοκρηνε à Αλεξανδριε. Et un jour, estant allé coucher chez une γαρσε τουτ exprés pour s'esprouver, il ne put rien faire de toute la nuit.

Ορεστης croioit estre parvenu presque au port, lorsque voici s'eslever les commencements de la tempeste, laquelle l'a enfin chassé jusques en Ιδαλιε (3). Αγλαυρε, enrageant de ce que Αλλισβεε

---

(1) Italien : *menarlo colla mano,—illum fricare manu (cunnum)*.

(2) Italien : *nella gabbia*, dans la cage de cette petite vachère.

(3) Idalie, pour Italie.

venoit ainsi tous les soirs à la chambre d'Ορεστης, et voyant qu'elle ne pouvoit l'empescher pour ce qu'Eromène luy menoit, elle songea que si elle pouvoit treuver moyen d'empescher Eromène d'y plus venir, qu'Allibée seroit entièrement privée de cette liberté. A cet effet, un soir estant venue elle-mesme appeler Αλλισβέε pour s'en aller tenir à la chambre prez Clytemnestre, pendant qu'elle, Αγλαυρε, seroit en la chambre d'Ορεστης; et Αλλισβέε, pour avoir descouvert la finesse, n'en ayant rien voulu faire : outrée de dépit, elle s'en retourne tout court, esveille Αγαμεμνων et Κλυτεμνεστρε, leur fait entendre qu'Eromène va tous les soirs jusques à trois heures après minuit jouer aux chartes avec Ορεστης, leur conte toutes les veilles qui s'estoient faites l'automne passé à Ναιοκρηνε, dit que c'est Αλλισβέε qui la desbauche, et se plaint fort d'elle pour son particulier. Si bien que, le matin venu, Κλυτεμνεστρε crie et frappe la pauvre Eromène, lui deffend de plus jamais aller à la χαμβρε d'Ορεστης; et lui fait-on faire un lit de camp sur lequel on veut qu'elle couche dans la χαμβρε mesme de Κλυτεμνεστρε : avec deffences d'avoir plus aucune familiarité avec Allisbée. Ορεστης est pareillement crié, et deffences de plus parler seul à seul αυεκ Ερομενε; et ne veut-on plus que la pastorelle se joue : Αγαμεμνων, selon une humeur vrayement endiablée qu'il a de soubçonner les crimes les plus horribles des personnes les plus innocentes, ayant fait entendre à Κλυτεμνεστρε qu'il pouvoit y avoir quelque υιλλανιε (1) entre Ερομενε et Ορεστης, et qu'Αλλισϐέε en faisoit le maquerellage; et pour ce, l'on commencea à espier de fort près Eromène et la mener tousjours en ville sans la laisser plus seule avec Αλλισϐέε.

Cette rumeur arriva vers Pasques, et fut plus d'un mois à s'acquoiser (2); dont tant s'en fault qu'Ορεστης fust fasché, qu'au contraire il en receut de fort grandes commoditez. Car Allisbée commencea à se treuver presque tous les jours seule dans le logis sans Ερομενε; laquelle, bien qu'elle ne soubçonnast aucun mal des caresses d'Ορεστης avec Αλλισϐέε; les incommodoit néantmoins fort, estant une fille de son naturel mélancholique et ennemie de toutes les gaillardises d'amour; et pour ce il falloit tousjours user de beaucoup de retenue en sa présence, tant dans le discours qu'aux actions.

Allisbée estant donc ainsi souvent seule, Κλυτεμνεστρε s'occupant à crier Eromène, et Αγλαυρε εσταντ πουρ λα πλυπαρτ δυ τεμπς à Ναιοκρηνε : outre que croyant s'estre assez vangée d'Allisbée en lui ostant le moyen de plus venir en la chambre

---

(1) Villanie : vilenie.

(2) S'apaiser, se reposer, du Latin *acquiescere*.

d'Ορεστης, elle ne l'espioit quasi plus, Ορεστης commencea à voir plus souvent et plus familièrement que jamais Αλλισθεε. Le jour, Allisbée feignant de se retirer de la salle dans les chambres d'en haut de peur des poursuites et importunitez d'Υλλων, elle venoit s'enfermer dans la chambre d'Ορεστης; et les soirs, elle feignoit d'aller au privé qui estoit au bas de la montée sur laquelle estoit posée la chambre d'Ορεστης, et là, faisant un certain bruit à la porte du privé, Ορεστης dévalloit et s'entretenoit avec elle une bonne heure, lorsque Αγλαυρε estoit à la ville : et estant aux champs, ils passoient une bonne partie de la nuit ensemble sur les degrez.

Ορεστης, enyvré de sa bonne fortune, commencea à avoir des desseins plus relevez; et partie pour se confirmer à perpétuité dans la confidence et familiarité d'Allisbée, partie pour pouvoir obtenir la dernière faveur, une nuit, dans la chaleur du discours et des embrassements, il commencea à lui jetter quelques parolles de mariage : lesquelles ayant esté receues assez favorablement d'Allisbée, par succession de temps ils traitèrent de cette matière si avant, qu'Ορεστης insensiblement se treuva engagé de parolle, qui si jamais il lui venoit fantaisie de se marier, il ne prendroit point d'autre femme qu'Allisbée ; à la charge qu'en attendant que cette alliance se fist, elle vivroit avec luy comme avec son mari, c'est-à-dire en communauté de pensées, de desseins, d'affection, de biens et de corps : tousjours son honneur sauf pourtant, lequel elle laissoit doresnavant en la garde d'Ορεστης; qui, voyant la grande bonté et franchise de cette fille, en devint si jaloux gardien, qu'encore qu'elle s'abandonnast entièrement à luy par fois, jamais il ne voulut attenter à faire l'entier acte de génération, qu'auparavant il n'eust treuvé un moyen certain pour εμπεσχερ λα γροσσεσσε.

A cet effet, il se mit à faire un recueil de tout ce que les médecins ont escrit en cette matière, et achepta λες δρογυες qu'il jugea estre les plus puissantes dans l'effet : qu'il voulut néantmoins expérimenter avant que de rien hasarder. Et argumentant que si elles pouvoient faire vider généralement tout ce qui est enclos dans la matrice, elles feroient facilement venir le sang des mois devant le temps, il prit de l'armoise, de l'αριστολοχις et colochinte; et l'ayant donnée un soir à Allisbée, il la pria de se la vouloir mettre la nuit à l'entrée de la nature, pour certaine expérience qu'il vouloit faire. L'humeur deffiante de cette fille lui fit tout à l'heure soubçonner qu'elle estoit grosse, et qu'Ορεστης lui bailloit cela pour λα φαιρε υιδερ : ce qui lui donna une telle espouvante, qu'elle tomba en pasmoison. Et Ορεστης s'estant advisé de sa faute, il luy osta les herbes; et ne faisant pas semblant de cognoistre la cause de cet esvanouissement, il luy dit qu'elle se morfondoit, et qu'elle s'allast coucher.

Le lendemain, qui estoit dimanche, Ερομενε, en allant à la messe avec Κλυτεμνεστρα, vint esplorée advertir Ορεστης qu'Allisbée vouloit s'en aller du logis, et le pria de la vouloir retenir. Luy aussitost l'estant venu trouver, et feignant de ne pouvoir comprendre le subjet de ce subit département, fut une forte heure à la supplier de le luy vouloir dire. Enfin, vaincue par les pleurs qu'Ορεστης commencea ce jour là à jetter en abondance aux pieds d'Αλλισβεε, et que depuis il a continuez de bonne sorte, ne s'estant passé semaine que cela ne luy soit arrivé plus d'une fois pour les extravagances et changements de cette humeur bizarre; enfin, dis-je, Αλλισβεε lui descouvrit sa peur, et comme elle estoit résolue de s'enfuir tant que terre la pourroit porter, pour éviter l'ignominie que luy causeroit sa grossesse, Ορεστης ayant premièrement voulu tourner cela en risée pour lui tesmoigner la vanité de cette terreur, par raisons plus solides et par prières il obtint d'elle qu'elle attendist au moins que le temps de ses menstrues fust venu, et que si λε σανγ ne paroissoit point, que lors luy et elle adviseroient à ce qu'il falloit faire. Ce qu'il fit pour pouvoir avoir seulement du temps, pendant lequel il sçavoit bien qu'un esprit inconstant comme celuy de cette fille changeroit aisément de dessein; ce qui luy réussit fort bien, car la forte imagination dont estoit préoccupée Αλλισβέε lui fit fluer son sang mesme avant le temps. Et ainsi tout fut raccommodé, et Ορεστης rentra dans la possession de ses faveurs plus avant que jamais, jusques à faire trois ou quatre fois l'intromission presque parfaite; et entre autres, une fois Αλλισβέε s'estant μιζε συρ λυι, elle se laissa tellement emporter à la volupté, qu'elle s'enferra d'elle-mesme jusques aux gardes, de sorte qu'Ορεστης, plus soigneux de son bien qu'elle-mesme, retira son espingle du jeu sans rien faire. Or il est à sçavoir que toutes les fois que cette fille se laissoit aller non seulement à ces derniers excez, mais encore simplement lorsqu'elle se laissoit *fregar tra le coscie*, elle estoit demie heure à pleurer à chaudes larmes, protestant de ne se laisser jamais plus toucher, et demeurant un, deux et trois jours dans cette résolution, qu'enfin Ορεστης, par prières, larmes et violence renversoit : de sorte que pour un jour de bien que cette fille luy a donné, elle luy en a baillé tousjours quatre mauvais. Ce qui le rendit si mélancholique, qu'il commencea à ne plus voir personne que son cher Pylades, abandonnant mesme le concert de musique que faisoit Υλλων, pour espier les occasions d'entretenir ou rapprivoiser son Allisbée.

Ces flammes amoureuses s'estoient tenues cachées à tous ceux du logis, fors à Ὑλλων qui, en ayant descouvert quelque fumée, alloit espiant les actions d'Allisbée, par curiosité et par jalousie : lorsqu'au mois de Juillet, ayant esté presque faite maison neuve de valets, il entra premièrement au logis une petite tapissière nommée Corinna (1), qui, tenant compagnie à Allisbée, commencea à troubler beaucoup la quiétude des deux amans, Allisbée ne pouvant se trouver seule avec Ορεστης si souvent qu'auparavant. Puis ensuite Αγαμεμνων print un laquais Bourguignon nommé Δροζος (2), qu'Αγλαυρε se rendit partisan par présents pour lui servir d'espie, principalement contre Αλλισθεε, qu'elle avoit entrepris de faire chasser du logis : ne pouvant souffrir le mespris dans lequel la tenoit Allisbée, qui d'autre costé la faisoit encore crever d'envie et de jalousie, par le support qu'elle s'estoit acquis auprès d'Eromène, d'Ὑλλων et d'Ορεστης, qui vouloient à toute force qu'elle demeurast au logis, et qui haïssoient de mort Αγλαυρε.

Toute la maison estant ainsi bandée en deux ligues, Δροζος commencea à se servir des belles parties de son esprit, c'est à sçavoir, de détraction,

---

(1) Pseudonyme, pour Marie.
(2) Id., pour Rozée.

flatterie, calomnie, et de trahison ; car faisant mille caresses à Allisbée, en derrière il en disoit tout le mal du monde. Et ayant espié toutes les visites qu'elle faisoit à la chambre d'Ορεστης, il commencea à divulguer à Αγλαυρε et à tous les autres valets ces amours, adjoutant mille impostures : qu'il avoit veu Ορεστης μοντέ συρ Αλλισβέε ; que ce qu'Αλλισβέε avoit esté malade un certain temps, c'estoit qu'elle avoit πρινς (1) certaines poudres πουρ σε φαιρε αυορτερ que lui avoit donnés Ορεστης, lesquelles Αροζος avoit esté querir par l'ordonnance d'Ορεστης (voulant parler de certaine cresme de tartre qu'Ορεστης lui envoya une fois querir pour se purger). Ces bruits courants partout le logis, Αλλισβέε, de désespoir, un soir après estre venue de baigner avec Clytemnestre, où Ορεστης avoit aussi esté, et l'avoit vue nue et touchée partout par dessous l'eau, s'en alla du logis sur les huit heures, et Ορεστης la suivit par toutes les rues d'Alexandrie deux grosses heures, la priant de vouloir retourner ; enfin il obtint qu'elle reviendroit pour cette nuit-là, et que le lendemain elle s'en iroit si bon lui sembloit. Revenue au logis, elle demande son congé à Κλυτεμνεστρε, fondée sur les calomnies qu'Αγλαυρε alloit semant d'elle. D'abord Κλυτεμνεςτρε, emportée de cholère, le lui accorde

---

(1) Prins (pris).

pour le lendemain matin; et Allisbée estant venue au privé, Ορεστης la sceut si bien prescher jusques à une heure après minuit, qu'elle lui fit promettre que si Clytemnestre ne lui parloit plus de sortir, qu'elle demeureroit à la maison. Les pleurs de l'un et de l'autre furent si grands et si longs, qu'ils furent ouïs d'Αγλαυρε et de Clytemnestre qui estoient aux aguets à la fenestre de leurs chambres; et Ορεστης ayant esté reconduire Αλλισβεε jusques à la porte de sa chambre, à peine fut-elle entrée qu'elle treuva Clytemnestre près la porte, qui la print par la main et la mena dans son cabinet : lui demandant premièrement d'où elle venoit à cette heure, et pour quel subjet elle pleuroit. A quoi Allisbée lui respondit qu'une douleur de dents l'avoit retenu jusques alors en bas. Lors Clytemnestre deschargea tout ce qu'elle avoit sur le cœur depuis certain temps : luy contant tous les caquets que l'on faisoit d'elle dans le logis, qu'elle dit néantmoins ne pas croire; mais qu'elle l'en advertissoit affin qu'elle ne se donnast plus tant de liberté avec Ορεστης, et qu'elle luy deffendoit de plus aller jamais à sa chambre : qu'elle la prioit de demourer à son service et qu'elle la deffendroit contre Αγλαυρε et tous autres.

Le lendemain après disner, Ορεστης fut appelé au cabinet d'Αγαμεμνων, où luy et Clytemnestre luy firent un long sermon, répétant tout ce qui avoit esté dit la nuit, avec menace d'estre battu si jamais il estoit treuvé seul avec Αλλισβέε : Αγαμεμνων surtout faisant fort le courroucé, comme il estoit véritablement en son ame, ayant une jalousie extreme, et une haine contre Αλλισβέε, qui l'avoit refusé plusieurs fois, et s'estoit moqué de lui tout fraischement de ce qu'à l'age de soixante et cinq ans il vouloit faire l'amoureux. Ορεστης, voyant la fureur bestiale d'Αγαμεμνων, respondit à Κλυτεμνεστρε qu'à elle seule il lui feroit ses excuses; et Κλυτεμνεστρε estant venue à la chambre d'Ορεστης, il couvrit si bien toutes ses familiaritez avec Allisbée, sous le prétexte des comédies passées, du jeu, de l'affection qu'elle portoit à Ερομενε, et de l'envie que Αγλαυρε luy portoit, que Κλυτεμνεστρε demeura presque satisfaite, et fit une longue réprimande à Αγλαυρε, luy deffendant de plus rien faire ni rien dire à Αλλισβέε, et priant Ορεστης de travailler à la réconciliation d'Ερομενε avec Αγλαυρε : qui avoit en tout ceci deffendu ouvertement Allisbée, et juré une haine irréconciliable contre Αγλαυρε. Laquelle estant allée pour un mois à Ναιοκρηνε, toutes les affaires se raccommodèrent aucunement : de sorte qu'Ορεστης recommencea à voir Αλλισβέε, non plus dans sa chambre, mais dans celle de Κλυτεμνεστρε, laquelle estant au milieu de deux autres qui respondoient à deux diverses montées, sitost qu'il entendoit venir quelqu'un d'un costé il s'évadoit de l'autre.

Mais ils estoient espiez de si près qu'ils ne pouvoient plus presque rien faire, la calomnie ayant laissé la deffiance dans l'esprit de Clytemnestre, et estant venue de nouveau une servante de cuisine au logis, qui, devenant jalouse d'Allisbée, commencea à s'unir avec Δροζος et faire de plus infames caquets que devant. De sorte qu'Αγλαυρε estant revenue en Αλεξανδρις, voilà plus de bruit que jamais au logis; et Κλυτεμνεστρε commence elle-mesme à faire l'espie, fait fermer à clef la porte qui respondoit sur la montée de la chambre d'Ορεστης : lui deffendant de jamais plus passer par sa chambre, par où auparavant il passoit maintefois le jour sous prétexte d'aller à celle d'Υλλων (mais c'estoit véritablement pour voir Allisbée); lui deffend en outre de se plus treuver jamais avec Allisbée, soit seule, soit en compagnie; commence de plus à fort maltraiter Eromène, la menaçant de chasser Allisbée, si elle la treuve plus parlant en secret avec elle, ni avec Υλλων ni Ορεστης. De sorte que la pauvre Eromène alloit un jour se jetter dans un monastère, de désespoir, si Ορεστης, qui en fut adverti par Αλλισβεε, ne l'en eust destournée par cette invention. Voyant qu'il ne luy pouvoit persuader de demeurer au logis avec toutes les persécutions de Clytemnestre, plus tost que de s'aller enterrer toute vive dans un monastère, il s'offrit de luy en chercher un, là où l'on la tiendroit en pension, sans qu'elle se fist religieuse; mais il tira premièrement une promesse de sa main, que jamais elle ne feroit aucun veu sans son consentement; et depuis il chercha aux Ursulines, ce qu'il fit plus par manière d'aquist qu'autrement, n'ayant fait cette proposition que pour pouvoir avoir du temps, qui peut tout, principalement sur les femmes.

Nonobstant toutes ces précautions et espies, Ορεστης n'eust pas laissé de continuer de voir Αλλισβέε quelquefois, pouvant tout au moins la voir le soir au bas de la montée, Corinna faisant le guet, pource qu'elle ne soubçonnoit aucun mal dans cette familiarité. Mais Allisbée estant allée à confesse à la mi-Aoust à un confesseur extraordinaire aux Cordeliers, elle voulut s'esclarcir de ce qu'elle n'avait jamais voulu descouvrir au confesseur ordinaire de la maison, ce dit-elle depuis à Ορεστε, de peur qu'il ne dist son secret à Κλυτεμνεστρε; et ayant exposé la vie qu'elle menoit avec Ορεστε, le moine lui fit le cas si énorme, et l'espouventa tellement, qu'il renversa en un quart d'heure ce qu'Ορεστε avait esté presque un an à bastir : jusques à luy conseiller de sortir du logis pour éviter l'occasion du péché. De sorte que voilà Allisbée tellement effarouchée, qu'il n'y eut pas moyen de la rapprivoiser qu'au bout de quelque temps, qu'Ορεστης se servit de cette invention, après l'avoir sollicitée en vain plusieurs fois :

Un jour que tout le monde estoit allé à Ναοκρηνε, il fit tant que le matin Allisbée vint faire un tour dans sa chambre, là où, après avoir usé en vain toutes sortes de prières, il en voulut venir comme à la force : à quoy Allisbée ayant crié et demandé secours à Corinna qui estoit en bas, Ορεστης s'eschapa jusques là qu'il lui donna deux ou trois légers coups : dont cette fille orgueilleuse jusques au dernier point, se sentit tellement offencée, qu'elle jura de ne jamais le pardonner à Ορεστε, et lui deffendit de plus luy parler, sinon qu'elle le diroit à Κλυτεμνεστρε. L'après-disnée, Ορεστης se treuva dans la chambre de Κλυτεμνεστρε αvες Αλλισβεε, Κορυννα et Υλλων, lequel, ayant veu ne pouvoir venir à bout d'Αλλισβεε, s'estoit mis depuis peu après Κορυννα, et l'avoit desjà si bien apprivoisée, qu'elle prenoit l'oiseau au poing et se laissoit toucher *alla sua gabbia* (1). Pendant qu'il caressoit Corinne, Ορεστης s'estant approché d'Αλλισβεε, il la supplia à genoux et les larmes aux yeux de luy vouloir pardonner, et qu'autrement elle le réduiroit à un point dont elle seroit marrie par après, se sentant desjà fort mal : à quoy elle n'ayant rien respondu, ains s'estant mise à dormir, Ορεστε se lève de cholère, et se va jetter sur un lit d'une chambre voisine : où estant vérita-

---

(1) Italien : à sa cage.

blement tourmenté tout de bon du repentir de ce qu'il avoit fait le matin, et de désespoir de pouvoir jamais se remettre aux bonnes graces de cette fille, il se sentit un peu mal; et ayant avec cela contracté depuis quelques mois en çà la couleur pasle et jaune des amoureux, il s'imagina qu'il pourroit facilement contrefaire quelque grand esvanouissement, qui toucheroit peut-estre et adouciroit Ἀλλισθέε. A cet effet, après s'estre plaint quelque temps, il jetta un grand cri, auquel Ὕλλων estant accouru, et ayant treuvé Ὀρέστης chu à bas, tout froid, espleuré, resvant, et feignant quelques convulsions, il appela ces deux filles; dont il n'y eut que Corinne qui vint, apportant de l'eau, Ἀλλισθέε demeurant immobile. Laquelle enfin, oyant continuer les cris d'Ὕλλων, qui estant véritablement en peine demandoit du vinaigre, accourut aussi, et treuvant Ὀρέστης en si piteux estat, et disant en ses resveries des choses qui pouvoient estre entendues aucunement d'elle (car il se plaignoit à bastons rompus d'une trop grande cruauté, et de sa propre folie, et menaçoit de dire tout ce qu'il sçavoit), soit la pitié ou la peur qui la touchast, elle commencea, les larmes aux yeux, à faire tout son possible pour le faire revenir. Et ayant dit aux deux autres qu'ils se retirassent pour laisser reposer Ὀρέστης, elle commencea à l'embrasser et baiser, l'appelant et se nommant, le priant de luy pardonner son obstination, et qu'elle promettoit d'oublier tout ce qui s'étoit passé : ce qu'Ορεστης faisant semblant de ne point entendre, et continuant dans ses resveries, elle commenceoit à se désespérer et tirer les cheveux, s'appelant folle et malheureuse, lorsqu'il feignit de revenir un peu; et après plusieurs compliments et plaintes de part et d'autre, il luy fit promettre qu'elle luy donnoit l'entière liberté sur elle qu'il avoit eu auparavant, à la charge qu'il n'en useroit (1) plus doresnavant : pact qu'il observa quelque temps, partie pour ne pas avoir l'occasion, les espies se redoublant de jour à autre. Et pendant cela, il print familiarité avec Corinna, qui commencea à venir le visiter jusques dans sa chambre, et de jour et de nuit, impunément, tous les yeux du logis estant tellement fichez sur les actions de la pauvre Αλλισθες, qu'ils ne s'apercevoient d'autre chose quelconque; et Ορεστης estoit infiniment aise de cette familiarité, qu'il tesmoignait tout publiquement, affin de destourner l'envie, qui estoit toute tombée sur Αλλισθες, sur la teste de Corinne; de laquelle en trois jours il obtint toutes les privautez qu'il avoit eu la peine d'obtenir en un an d'Αλλισθες : et ce, sous prétexte de lui faire venir ses mois, qu'elle s'estoit plainte ne pou-

---

(1) Il faut lire sans doute : abuseroit.

voir avoir, et qu'il lui fît véritablement couler, par un brevage de colochinte, savinié et αριστολογιε. Mais treuvant ces caresses-cy fades, il voulut retourner à celles d'Αλλισθεε : à quoy lui rouvrit l'entrée un accident d'un gros clou qui lui vint aux rheins, de sorte que ne se pouvant penser de luymesme, elle s'offrit de le faire, et, par cette occasion, elle eut quelque liberté de venir quelquefois à la chambre d'Ορεστης : ce qu'autrement Ερομενε mesme ne luy eust pas voulu permettre, l'ayant priée, et Ορεστης aussi, de discontinuer ces privautez, de peur qu'on ne la chassast.

Vers ce temps-là, Αγλαυρε retourna de Ναιοκρηνε, et Αλλισθεε ne pouvant plus souffrir les continuelles espies qu'elle lui faisoit lorsqu'elle estoit à Αλεξανδριε, elle demanda son congé un beau matin et s'en alla. Et la pauvre Ερομενε ayant supplié Ορεστης de l'aller chercher et la faire retourner, il la fut treuver chez une sienne tante ; et après luy avoir fait diverses propositions de l'entretenir en chambre, mesme de l'espouser, lesquelles elle ne put gouster, il la fit enfin résoudre de retourner ; et Κλυτεμνεστρε, quoy qu'aigrie horriblement contre elle, la reprit par une certaine impuissance d'esprit qu'elle a de se pouvoir jamais deffaire d'aucun serviteur qui luy fait quelque petit service à son gré ; et plus un tel luy fera d'offenses, plus elle aura peur de le perdre.

Depuis ce dernier retour, Corinna s'en estant allée du logis, laquelle servoit à faciliter les rencontres, Αγλαυρε demeura en Αλεξανδρις : laquelle s'estant advisée du rendez-vous que se donnoient nos amants au pied de la montée, osta deux ou trois lozanges d'une vitre, pardevant laquelle il falloit qu'Ορεστης passast, affin de le voir quand il descendroit le jour; et la nuit faisant coucher là son Δροζος. De sorte que cette poste-là n'estoit plus tenable : toutes les autres du logis l'estant encore moins, Αγλαυρε ayant tousjours à son costé les clefs des chambres d'en haut.

Tout cela estant ainsi disposé, Ορεστης ne put plus voir Αλλισβεε, qu'un jour, que tout le monde fut à Ναιοκρηνε, fors Ύλλων ; qui, estant venu à heurter à la chambre d'Αλλισβεε lorsqu'Ορεστης estoit enfermé avec Αλλισβεε, elle le fit entrer, ayant premièrement caché dans une chambre voisine Ορεστης, qui eut le plaisir deux heures durant d'ouïr les discours qu'elle faisoit faire à Ύλλων sur les matières les plus gaillardes et les plus extravagantes du monde, sur lesquelles elle le mettoit tout exprès pour le plaisir du bénévole auditeur : lequel, après qu'Ύλλων se fut retiré, demeura le reste du jour avec son Allisbée à se remettre en possession des privilèges qui lui avoient esté accordez autrefois. Mais ce fut la dernière : car de là en hors, Κλυτεμνεστρε commencea à faire guerre ouverte à Ορεστης pour le subjet de ses amours, et mit si bon ordre aux espies, qu'il n'y eut plus de moyen de voir Αλλισβεε dans le logis. Cela le fit résoudre à treuver un lieu dehors où ils se pourroient rencontrer tous deux en sureté.

Ελεος (1), ami intime d'Ορεστης, avoit une petite maison au bout des faubourgs d'Alexandrie (2), qui lui servoit à loger son bon maistre Επικουρος (3), et à amener quelquefois des dames. Or, pour faire résoudre Αλλισβεε à venir pour la première fois en ce lieu-là, Ορεστης lui fit entendre qu'il vouloit se retirer hors la maison de son père, ne pouvant souffrir la persécution qui l'empeschoit de jouir du bien présent qu'il avoit si cher; et que, si elle vouloit sçavoir de ses nouvelles, il la mèneroit à un logis où elle en pourroit apprendre toutes les fois qu'elle y viendroit. Elle estant enfin venue en cette maison, Ελεος vint heurter quelque peu de temps après à la chambre où Ορεστης s'estoit enfermé avec elle : dont elle eut si peur, s'imaginant que l'on luy

---

(1) Ou, comme Bouchard l'écrit plus correctement dans la suite, Ελατος : L'Huillier, qui eut pour fils Chapelle, l'ami de Molière.

(2) Probablement à la Chapelle Saint-Denis, où était né Chapelle quatre ans auparavant, en 1626.

(3) Gassendi.

vouloit jouer quelque mauvais tour, que jamais Ορεστης ne la put rassurer, quoy qu'il eust renvoyé Ελεος, et ne put obtenir pour lors aucune faveur d'elle : qui s'en retourna au logis toute courroucée contre lui, jusques-là qu'elle protesta de ne plus vouloir avoir aucune communication avec luy, et luy redemanda un demi-ceint d'argent (1) qu'Ορεστης lui avoit prins, disant le luy vouloir garder, mais qu'il retenoit ainsi pour avoir occasion de faire venir cette fille quelquefois en sa chambre. Et pour ce subjet ayant fait difficulté de le luy rendre, elle s'en plaignit à Ερομενε et le pressa tellement un soir en sa présence de le luy rendre, qu'elle fut toute preste de s'en aller plaindre à Κλυτεμνεστρε mesme : ce qu'Ορεστης ne voulant pas faire que lorsqu'elle seroit seule avec luy, il luy eschapa d'alléguer pour excuse, qu'il ne pouvoit ce soir-là luy rendre, pour ce qu'il estoit empaqueté avec ce qu'elle sçavoit. Ce qu'Ερομενε print en fort mauvaise part et fit de grands reproches à Αλλισβεε, de ce qu'elle avoit des secrets avec Ορεστης qui luy estoient cachez : qui luy donnoit occasion de soubçonner quelque chose de mal honneste. Pour réparer sa faute, Ορεστης s'advisa de cette invention : il osta cinq cents francs

---

(1) « Ceinture d'argent que les femmes de condition inférieure avaient accoutumé de porter. » (Littré.)

qui estoient cousus dans le mesme sac où estoit ce demi-ceint; laquelle somme il faisoit entendre à Αλλισθέε luy vouloir bailler à sa départie; et au lieu de cet argent il empaquette une discipline et une teste de mort, puis, le lendemain matin, comme ces deux filles estoient ensemble, il apporte ce sac tout cousu et cacheté, et fait entendre à Ερομενε qu'Αλλισθέε avoit fait un complot avec luy d'ouvrir ce sac devant elle lorsqu'il seroit sorti du logis, pour lui faire croire qu'il s'estoit allé faire moine : ce qu'elle prit pour argent contant, Allisbée aydant à la fourbe de son costé.

De là en avant Ορεστης s'habilloit de fois à autres de campagne, feignant de vouloir partir de jour à autre, affin d'avoir occasion de voir Αλλισθέε soubs le prétexte d'adieu, encore que véritablement il n'y songeast pas autrement : lorsqu'un samedi 14 Septembre, Νικέε (1) lui ayant jeté en pleine table une sole (2) à la teste, il se résolut par despit, et encore par l'instigation d'Αλλισθέε et d'Eromène offensées

---

(1) Niquée : c'est le nom que Bouchard substitue désormais à celui de Clytemnestre, pour désigner sa mère.

(2) Une sole. Est-ce le poisson de mer plat bien connu, dont la forme ressemble à une semelle (d'où son nom, du Latin *solea*, sandale, semelle), ou bien une vraie semelle, c'est-à-dire la pantoufle de Mme Bouchard? Notez que *sole*, en Anglais, signifie *semelle*, et qu'il est sans doute tiré du vieux Français.

de cet affront, de sortir tout de bon ; et ayant mis le meilleur de ses hardes dans la chambre d'Ύλλων, il s'en alla sur le soir en la petite maison d'Ελεος, avec une petite cassette sous le bras où estoit quelques quatre cents francs, qu'il avoit gaignez en un an en la commission que lui avoit baillé à exercer Αγαμεμνων ; avec quelques livres et du linge.

Le dimanche matin, Ύλλων vint trouver Ορεστης au bord du fleuve, où estoit le rendez-vous, et lui conta comme le soir, après avoir attendu jusques à dix heures du soir, Νικές l'ayant interrogé particulièrement où pourroit estre allé Ορεστης, et luy ayant respondu ne sçavoir autre chose, sinon qu'il luy avoit ouï parler du voyage de Constantinople que devoit faire bientost le comte de Marcheville, elle le chargea de dire à Ορεστης, s'il le rencontroit par hasard, qu'il revinst au logis et qu'il y treuveroit toute seureté. Mais Ύλλων estant retourné au logis, et Νικές voyant qu'il ne lui vouloit donner aucunes nouvelles d'Ορεστης; disant seulement en gros qu'il estoit peut-estre allé aux champs et qu'il reviendroit, elle révoqua sa parolle, arresta avec Αγαμεμνων de faire vendre le lendemain les livres d'Ορεστης ; et ordonnèrent tous deux à Ύλλων de dire à Ορεστης qu'il ne retournast jamais au logis, sur peine d'en estre chassé à coups de baston : menaces qui furent infiniment agréables à Ορεστης, car elles lui donnèrent l'occasion de treuver une invention par laquelle il pourroit s'absenter de la maison pour un temps et mettre ses parents néantmoins dans leur tort, puisque c'estoit eux qui estoient cause de son absence par leur deffence de retourner.

Il songea premièrement à mettre ordre à ses affaires ; et, pour pouvoir subsister plus longtemps sur le sien propre, tant que quelque autre occasion se présentast, il se résolut de vivre au pain et à l'eau ; y ayant desjà longtemps qu'il désiroit d'expérimenter si cette sorte de vie-là estoit plaisante et pour durer ; et il la treuva encore plus supportable et délicieuse que ne l'ont jamais représentée tous les Philosophes de l'antiquité. Dans les quinze jours qu'il observa cette règle, il luy sembloit estre passé de l'humanité à une espèce de divinité, ne se sentant quasi plus avoir besoing d'aucunes choses d'icibas, pour lesquelles il voyoit tout le reste de la ville se péner, se tromper et se battre. Hors de trois pains d'un sol pièce qu'un boulanger lui apportoit tous les matins par une porte de derrière, tous les biens de la terre pouvoient périr, sans l'incommoder aussi peu que s'il eust esté dans le globe du soleil ou de quelque autre monde ; et il luy sembla commettre un notable et pernicieux excez, lorsque les prières de ses amis, entre autres d'Ελαιος,

Επιχουρος, Tubero (1), Πελεος, et du médecin Scopa (2), qui le menaçoit de phtisie par ce subit changement de régime, le forcèrent d'ajouster à son festin un plat de raisins ou de pommes : que luy apportoit sa fidelle Αλλισβεε, le venant visiter dans sa solitude toutes les fois que l'absence de Κλυτεμνεστρε lui permettoit; et là ils jouissoient en liberté de conscience des douces privautez passées.

Ορεστης ayant mis cet ordre à son vivre, il donna la clef de sa chambre à Ύλλων, affin qu'il sauvast le meilleur de ses livres de la vente qu'en vouloit faire Αγαμεμνων; lequel ne manqua pas le lundi matin de faire lever la serrure d'Ορεστης et la faire changer, se doutant qu'Ύλλων eust la clef : puis fit venir libraires qui estimèrent toute la bibliothèque à quatre cents francs : à laquelle vente Ύλλων s'opposa, disant avoir presté à Ορεστης cinq cents francs pour acheter les dits livres; ce qui estoit fort vraisemblable, Ορεστης les ayant acheptez de l'argent que premièrement il avoit rogné à ses mais-

---

(1) Pseudonyme usité au XVIIᵉ siècle pour La Motte ou La Mothe, du Latin *tuber*, qui signifie proprement excroissance, tumeur, bosse : ainsi, le philosophe sceptique La Mothe Le Vayer se faisait appeler *Tubertus Ocella* ou *Orasius Tubero*, Ocella et Orasius répondant à Le Vayer (le Voyer ou le Voyant ; du Latin Ocellus et du Grec ὁράω, je vois, ὁρασις, vue).

(2) Labrosse.

tres lorsqu'il alloit au collège ; puis en ayant prins une fois à crédit pour la somme de cent livres, qui est le seul emprunt que jamais il ait fait; et enfin ayant employé à cela plus de la moitié de ce que lui apportait la commission d'Αγαμεμνων. De sorte que ses parents n'avoient rien desboursé, que pour quelques livres de droit lorsqu'ils le firent aller au Palais par force.

Après l'estime faite des livres, tout le reste des meubles fut partagé aux domestiques du logis ; et Αγλαυρε eut le linge et quelque argenterie. Ορεστης, cognoissant l'humeur violente de ses gens, avoit de bonne fortune mis en la chambre d''Υλλων ses papiers secrets et ses meilleurs habits, qu''Υλλων par après print la peine luy-mesme d'apporter par pièces à Ορεστης, par un exemple de charité fraternelle inouy en ce siècle-cy; car autrement il ne se pouvoit faire, personne ne sortant du logis sans estre visité à la porte.

Cette fraction de porte et dissipation de meubles, avec tout plein d'autres extravagances que la rage et foiblesse dictoient à Νικέε, aidèrent infiniment au trait qu'Ορεστης joua le mercredi d'après sa sortie. Il donna le mot du guet à Υλλων que, sous prétexte de faire porter quelque chose avec luy, il prinst le valet de chambre d'Αγαμεμνων, qu'il choisit tout exprès pour servir de tesmoing irréprochable à ce qui se passeroit entre Ὑλλων et Ορστης. Comme Ὑλλων fut esloigné quelque peu de la maison, accompagné de ce valet, Ορεστης, qui estoit aux aguets, passe devant Ὑλλων, feignant de ne le pas voir ; lequel l'ayant appelé et demandé où il alloit, Ορεστης respondit qu'il alloit au logis, pour ce que le Pontife (1), qui l'avoit convié de venir avec luy aux champs pour quinze jours, estoit de retour pour la maladie d'une sienne sœur. A quoi Ὑλλων respondit qu'il avoit charge de ses parents de luy dire qu'il se gardast bien de jamais rentrer, sur peine d'estre excedé et maudit ; puis luy conta tout ce qui s'estoit passé dans sa chambre et sur ses livres. A quoy Ορεστης, faisant l'estonné estrangement, partit à l'instant comme désespéré, ne respondant autre chose, sinon qu'il alloit donc chercher retraite autre part, puisqu'on la lui refusoit chez son père.

Ὑλλων envoya incontinent au logis ce valet, qui ayant l'esprit persuadé que tout ce qui s'estoit passé estoit véritable et sans fourbe, le raconta avec tant de naïveté et de pitié, qu'il ne donna pas seulement le loisir à Νικέε de douter, mais luy toucha si fort la conscience, qu'elle se repentit aussitost des extravagances où son impatience l'avoit portée,

---

(1) L'évêque de Digne, Raphaël de Bologne, qui siégea de 1628 à 1653.

et se mit à considérer les inconvénients qui en pouvoient arriver et le blasme que l'on luy donneroit, d'avoir esté cause pour un rien, peut-estre, de la ruine de son fils. De sorte que se sentant entièrement chargée de toute la faute, elle se mit à la rejetter sur Ύλλων sitost qu'il fut de retour; le blasmant avec injures et menaces de ce qu'il avoit fait une si aigre ambassade à Ορεστης ; à quoy Ύλλων ne respondant cette fois-là, ni les autres depuis, sinon qu'en ce faisant il avoit exécuté ses commandements exprès, elle fut pour sortir hors du sens, Αγαμεμνων mesme rejetant la faute sur elle.

Ce soir-là mesme, Ορεστης fut chez les parents les plus confidents raconter son désastre, se plaindre de la barbarie de Νικές; leur contant comme, pour avoir esté trois jours aux champs avec le Pontife, qui avoit pris la peine de venir depuis peu la treuver au logis pour obtenir une licence perpétuelle pour Ορεστης, de manger, coucher, et s'aller promener avec luy quand l'occasion s'en présenteroit (ce qui estoit véritable, ayant mesme obtenu d'Αγαμεμνων de mener Ορεστης en Italie (1) avec luy au printemps) : pour avoir esté, disoit-il, trois jours aux champs avec luy sans licence particulière, qu'il

---

(1) L'évêque de Digne séjourna effectivement à Rome en 1632 et 1633. (V. *Gallia Christiana*, tome III, col. 1135.)

n'avoit point voulu demander, tant pour ce qu'elle avoit desjà esté donnée générale au Pontife, que pour l'affront de la sole receu le samedi, on avoit vendu et donné tout son pécule, puis le chassoit-on du logis. De là il fut emboucher le Pontife, à ce qu'il eust à dire conformément à ce qu'avoit dit Ορεστης à Υλλων devant le valet, si d'aventure Αγαμεμνων le venoit trouver; comme il ne manqua pas de faire le vendredi ensuivant. Mais il n'apprit rien de nouveau, sinon qu'Ορεστης estoit résolu d'aller à Constantinople avec le comte Marcheville (1), qui y alloit ambassadeur; auxquelles nouvelles Νικεε vint elle-mesme avec Αγαμεμνων prier le Pontife de vouloir destourner de ce voyage si périlleux leur fils, auquel ils le prioient de les vouloir faire parler une fois seulement : ce qu'Ορεστης n'ayant jamais voulu faire, ils conclurent enfin que le Pontife le persuaderoit de retourner au logis, où ils luy promettoient toute sureté et bon traitement.

Le lendemain, Υλλων partit pour Ανγερς (2), et Αλλισθεε fut envoyée à Ναιοκρηνε avec Ερομενε préparer les logements, Νικεε devant y aller le jour

---

(1) Henri de Pournay, comte de Marcheville, nommé ambassadeur auprès de la Porte en 1630; il ne partit pour Constantinople qu'en Juillet 1631.

(2) Angers.

d'après. Ορεστης se voyant ainsi privé de l'assistance de l'un, mais surtout de la présence de l'autre, et songeant aux moyens de la pouvoir recouvrer, il commencea à entendre aux offres que luy fit le Pontife de le restablir chez luy; il laissa néantmoins escouler quelques jours pour tesmoigner qu'il avoit véritablement dessein de faire ce voyage, et à cet effet, il commencea à faire faire équipage pour partir. Cependant Νικέε, ennuyée de plus attendre, s'en alla à Ναιοκρηνε : qui estoit ce que désiroit le plus Ορεστης, sachant bien que ses conditions se traiteroient plus avantageusement avec Αγαμεμνων seul, comme il arriva; car le Pontife obtint que premièrement l'on ne parleroit plus du passé : que l'on fourniroit dans le mois d'Octobre argent à Ορεστης pour aller en Italie, et que cependant il ne seroit point obligé d'aller demeurer à Ναιοκρηνε : pour lequel dernier article, en bon François, toute la farce avoit esté jouée, Ορεστης n'estant sorti du logis à autre intention que pour laisser passer quelques quinze jours pendant lesquels Νικέε iroit à Ναιοκρηνε, et ainsi se libérer *ab hac rusticatione* (1), qui ne pouvoit estre que fort dangereuse et fascheuse pour luy, y ayant bien moins de commoditez de pouvoir parler à Αλλισβεε que dans la ville.

---

(1) De cette villégiature

Ainsi donc les pacts estants faits et le Pontife s'estant obligé à les faire garder, il ramena luy-mesme dans son carrosse à Αγαμεμνων Ορεστης, lequel pensant par cette rentrée s'estre mis à couvert de toutes les tempestes passées, il sentit d'abord un nouvel heurt plus sensible que tous les précédents. Car la première chose que l'on luy dit au logis, fut qu'Αλλισβεε avoit esté chassée de la maison pour cette occasion-cy. Le Pontife, à l'abbouchement qu'il fit avec Νικες, entre autres choses il luy dit qu'Ορεστης luy avoit tesmoigné d'estre bien aise de se treuver hors du logis et de n'y pas retourner, pour convaincre de fausseté toutes les calomnies que l'on avoit fait courir de lui et d'une certaine φιλλε δε χαμβρε, laquelle il eust été bien marri que l'on eust chassée à son occasion, cette fille estant le seul entretien et consolation qu'eust sa sœur Ερμιονε. A ces douces paroles, Νικες despescha dès quatre heures au matin le carrosse à Ναιοκρηνε, où elle avoit envoyé depuis deux jours Allisbée, avec ordre qu'elle eust à revenir à l'instant à Paris, et puis la mit dehors de la maison avec tous les mauvais traitements et indignitez imaginables. Cette pauvre fille ainsi chassée s'en vint tout droit pour trouver Ορεστης, qui demeuroit lors dans la petite case de son ami Ελαιος; mais il estoit allé aux champs pour tout ce jour-là, par le plus grand bonheur qui luy eust pu arriver : car si cette fille l'eust rencontré alors qu'il se treuvoit en liberté hors la maison de son père avec quelque argent, l'amour, qui estoit lors enflammé plus que jamais par toutes ces traverses et par l'absence, estoit pour luy faire faire une folie dont il se fust repenti toute sa vie : c'est à sçavoir de la luy faire espouser, ou tout au moins de s'enfuir avec elle. Et ce fut aussi un grand bonheur pour Ορεστης de ne sçavoir rien de cette sortie avant son retour chez Αγαμεμνων : car s'il en eust eu le moindre soubçon seulement, jamais il n'eust remis le pied chez son père : mesme il pensa s'en retourner tout court à la première nouvelle que l'on luy en dit au logis. Considérant néantmoins que ce seroit vérifier tous les soubçons que l'on avoit eu de ses amours, il remit sa sortie à un autre temps qu'il pourroit avoir quelque honneste prétexte; songeant cependant aux moyens de se venger d'Αγλαυρε et de Δροζος, causes de cette séparation.

Il fait donc bonne mine au logis, et ayant enfin trouvé Αλλισθεε, qui estoit rentrée au service de son ancienne maistresse, il luy donne le rendez-vous au logis d'Ελαιος, où il rentra en possession des faveurs passées : ce qui commencea à luy faire quasi passer l'envie de plus faire voyage, trouvant des acroches aux offres que luy faisoit Αγαμεμνων de l'envoyer tantost en Flandres, tantost en Angleterre, puis finalement à Tolose. Il ne songeoit plus qu'à la jouissance présente de ses amours, et à la vengeance, qu'il commencea à exercer premièrement sur Δροζος en cette façon : il fit semer le bruit par son ami Πυλαδης, qui estoit de retour des champs, dans le quartier, que ce γαλαντ se ventoit partout de besogner Αγλαυρος ; et que, pour n'estre troublez en leurs amours, luy et elle avoient fait chasser Αλλισθεε. Ορεστης, de son costé, l'alloit aussi semant aux lieux où il croioit qu'on ne l'accuseroit pas de l'avoir dit : de sorte que tout le monde le sçavoit. Celle qu'il estoit plus nécessaire qui le sceust, c'estoit Νικεε, à qui enfin il le fit escrire par sa belle κουσινε Αρθενικη, laquelle il s'estoit rendue beaucoup plus confidente depuis son mariage avec un viel jaloux : luy ayant descouvert l'amour qu'il lui portoit depuis un certain temps, et elle l'ayant eu pour agréable : jusques à luy conter, toutes les fois qu'il l'alloit visiter, tout ce qui se passoit entre son mari et elle tant le jour que la nuit, luy rendant mesme conte des plaisirs et des pensées qu'elle avoit ἐν τῷ εργῷ (1). Cette familiarité luy fit obtenir d'elle une lettre pour Νικεε, par laquelle elle lui donnoit advis des bruits peu advantageux que Δροζος faisoit courir

---

(1) Dans l'affaire.

de sa νιεπζε (1). A quoi Νικέε, par le soubçon qu'elle avoit d'Αρθενισε, et la forte πασσιον qu'elle avoit de retenir Δροζος à son service pour faire desplaisir à Ορεστης, ne respondit autres choses qu'injures, supprimant cette lettre dans le logis. C'est pourquoy Ορεστης se résolut de faire venir ce bruit aux ορειλλες δε Αγλαυρε μεσμε, sachant bien qu'elle ne pourroit se tenir d'en faire vacarme; et cela ayant esclaté, il faudroit que le compagnon vidast. Ce qui réussit : car ayant fait dire par deux jeunes gens apostez, au valet de chambre d'Αγαμεμνων, qu'ils avoient ouï Δροζος se ventant de cela, adjoutant qu'il monstroit une tresse des cheveux d'Αγλαυρε (Ορεστης avoit prins garde que depuis un jour ou deux il en portoit une à son chapeau qui ne revenoit pas mal au poil de cette fille), ce valet l'ayant dit à Αγλαυρε, elle commence à battre ce laquais; et Νικέε voyant l'affaire qu'elle avoit tant voulu cacher, descouverte, fit chasser Δροζος à coups de bastons, quoy qu'elle en crevast de despit. Et pour vengeance elle commencea à presser Αγαμεμνων fort et ferme de faire venir demeurer à Ναιοκρηνε Ορεστης. Ce qu'Ορεστης ne voulant nullement faire, représentant les pacts qu'il avoit fait à son retour, Νικέε, qui ne peut souffrir personne qui résiste et qui ne ploye à ses

---

(1) Niepce.

violences, résolut d'esloigner Ορεστης par quelque voyage : dont Ορεστης fut extremement aise, les extravagances et bizarreries de Αλλισβεε recommenceant à le tourmenter plus que jamais et le portant à des actions ridicules et δανγερευσες. Car premièrement cette φιλλε νε νουλαντ plus venir au rendez-vous ordinaire en la maison d'Ελαιος à cause de la trop grande distance, il loua diverses chambres vers le Louvre cinq et six escus par mois; lesquelles il estoit contraint de laisser aussitost, pour les hostes qui ne vouloient pas souffrir qu'Ορεστης menast cette fille chez eux, quoy qu'il fist entendre qu'elle estoit sa femme : ayant à cet effet changé de nom, et fait lever une attestation du livre des mariages de la παροισσε St-Sulpice, des fiançailles et espousailles d'un de la Motte, dont il avoit pris le nom; laquelle il monstroit pour tesmoignage comme il estoit marié avec cette φιλλε.

Allisbée aussi, de son costé, estoit cause de ces changements; car, après estre venue une fois ou deux en une chambre, elle n'y vouloit plus retourner; et les caquets commenceant à la persécuter à l'occasion d'Ορεστης chez sa maistresse aussi bien que chez Νικες, elle s'estoit résolue de ne plus se laisser voir à Ορεστης : qui, comme désespéré, eut recours à ce dernier remède, quoy que fort dangereux. Il fit faire un φαυξ κοντρατ de mariage et de φαυσσες attestations de curez de village, et avoit dessein de prouver avec cela à la maistresse d'Αλλισθεε, qu'elle estoit sa femme, affin qu'elle luy permist de la venir voir privément. A quoy Αλλισθεε ne s'estant pas voulu résoudre, mais faisant sentir sourdement à Ορεστης qu'elle désiroit qu'ils s'espousassent tout de bon; puis, qu'elle feroit appreuver à sa maistresse toutes leurs privautez et visites, se faisant forte d'obtenir mesme d'elle comme pour dot un logement meublé en ville pour eux deux : Ορεστης, aydé des bons conseils de son cher Πυλαδης, prévit que cet amour l'alloit ruiner s'il demeuroit plus long temps en Αλεξανδριε. Cela le fit résoudre à accepter l'offre qu'Αγαμεμνων lui faisoit de l'envoyer en Italie; et ayant treuvé la commodité du passage de la famille du καρδιναλ δε Βαγνι (1), qu'il renvoyoit en Italie, le temps δε σα νονσιατυρε (2) en France estant expiré, son voyage fut enfin arresté. Et pendant que les préparatifs s'en faisoient, Ορεστης voulut satisfaire à la forte passion qu'il avoit de se venger d'Αγλαυρε. Il sçavoit que c'estoit la fille du monde la plus avaricieuse, et qu'il y avoit quatorze ou quinze ans qu'elle estoit aprez à faire un petit

---

(1) Le cardinal Jean François Bagni, dont Gabriel Naudé organisa la bibliothèque.

(2) De sa nonciature.

pécule; il croit donc ne pouvoir luy faire plus grand mal, outre le bien qui luy en reviendroit à luy, que de le lui oster. Il se met donc à le chercher par tout le logis, jusques mesmes dans le coffre-fort où Νικέε tenoit son argent et ses bagues, ayant surpris la clef à Αγαμεμνων : où ayant bien cherché, sans prendre rien néantmoins, il va enfin ouvrir à force le coffre d'Αγλαυρε, où il ne pouvoit s'imaginer qu'elle eust λαισσέ σον τρεσορ : qu'il y treuva néantmoins, mais bien moindre qu'il ne s'estoit imaginé, n'y ayant que douze pistoles, δευξ χαισνες δ'ορ α μεττρε εν βρασελετς, μονταντ à quelques κινζε εσκυς, υν αννεαυ δ'υνε οπαλε, et quelques petites bagatelles d'argent, lesquelles il donna à Αλλισθές, retenant pour soy tout l'or, monnoyé et en œuvre.

Ce coup-là mit en grande alarme toute la maison lorsque, Νικέε ρευεναντ δε Ναιοκρηνε, Αλγαυρε se treuva υολέε. Ce que Νικέε et Αγαμεμνων, meus des apparences qu'en donna la déposition des valets, qui chargèrent tous Ορεστης, creurent assurément ανοιρ esté fait par Ορεστης; et lui escrivirent depuis à Ρωμε qu'ils vouloient qu'il envoyast une προμεσσε δε λα σομμε πρισε α Αγλαυρε, ou qu'autrement il ν'αυροιτ point δ'αργεντ δ'ευξ. Mais Πυλαδης qui, pendant l'absence d'Ορεστης, a donné des preuves δ'αμιτιέ que l'antiquité n'a jamais vues, jusques à s'offrir à entretenir à ses propres frais et despens son Ορεστης, en cas que ses parents ne luy voulussent plus faire tenir d'αργεντ, desbrouilla toute cette fusée par une intrigue dont peut-estre le monde, αυ μοινς λα Χρεστιεντέ, n'a jamais ouï parler. Un σαμεδι δε Πασχες (1) de l'année suivante 1631, il alla le soir δεσγυιζέ se ιετερ αυξ πιεδς δ'υν κονφεσσευρ, luy dit avoir esté le δομεστικ d'Αγαμεμνων, avoir volé à Αγλαυρε quelques quarante ou cinquante escus, et luy en restitua quinze, que λε βον πρεστρε apporta à Αγλαυρε deux jours après; et ainsi Νικέε changea d'οπινιον, croyant du depuis fermement que c'est le ϳαλετ δε χαμβρε d'Αγαμεμνων, qui sortit du logis un peu après le départ d'Ορεστης, qui a fait le coup. *Hoc dictum nulli* (2), et n'y a que Πυλαδης, 'Υλλων et Ερμιονε qui le sachent.

Ορεστης ayant donc l'esprit satisfait par la vengeance, et ayant fait faire les préparatifs de son voyage, il consigna à son ami Πυλαδες tous ses manuscrits et ses livres plus curieux, feignit de se réconcilier avec Νικέε et Αγλαυρε, leur demandant pardon; puis, allant prendre congé de tous ses amis, il arresta avec Ελαιος un voyage de Constantinople pour le printemps de l'année 1632; où le bon

---

(1) Un samedi de Pasques.
(2) Cela ne fut dit à personne.

Επικουρος doit aussi venir. Enfin, il finit ses adieux par Αλλισβέε, avec laquelle il fut un jour tout entier enfermé chez Ελαιος ; là il luy donna une promesse passée par devant νοταιρες de trois cents livres de rente sa vie durant, en cas qu'il mourust en son voyage ; et elle de son costé luy promit solennellement de jamais ne se marier sans son consentement, et que, quand il seroit de retour, elle iroit demeurer avec luy en quelle condition qu'il voudroit, ce qu'elle luy a depuis confirmé par diverses lettres. Les larmes qui furent espandues abondamment de part et d'autre en cette séparation, furent rasserénées par la dernière jouissance des anciennes faveurs, qui ne passèrent point néantmoins pour cette dernière fois les premières limites ; de sorte que les amours d'Ορεστης pourront passer un jour pour les plus extraordinaires et les plus extravagants qui ayent jamais esté représentez chez les poëtes : Αλλισβέε et Ορεστης, ayant l'espace d'un an entier bruslé d'une flamme esgalement ardente ; ayant souffert toutes les persécutions dont la jalousie et l'envie a accoustumé de traverser l'amour ; ayant eu toutes les plus belles commoditez qui se sçauroient souhaiter, et s'estant donné des privautez que les femmes et les maris font difficulté de se permettre, ils se séparèrent alors enfin tous deux entiers, avec leur première virginité.

MÉMOIRES

DE

Jean-Jacques Bouchard

Seconde Partie

VOYAGE DE PARIS A ROME

VOYAGE

DE

PARIS A ROME

ES préparatifs du voyage furent un bon habit de drap d'Espagne meslé et une casaque grise; car il ne faut jamais se vestir ni de noir ni d'autre couleur pour la campagne, où tous les offices et dignitez des villes ne sont d'aucune considération, et la seule qualité qui y est cognue et qui fait distinguer et respecter les uns par dessus les autres, est celle de gentilhomme; c'est pourquoy il en faut faire principale profession, en son procéder, en son discours, mais surtout en ses habits, qui peuvent quasi tout en ceci, donnant entre gens inconnus la première impression de la qualité d'une personne. A cet effet, ils seront des couleurs les plus esclatantes, comme rouge, gris, verd, etc., et enrichis d'or ou

d'argent; ce dernier ornement-ci mettant, ce semble, la différence entre les gentilshommes et les marchands. Et à cet effet, au premier séjour que je fis dans une ville, je mis du passement d'or sur ma casaque. Pour la teste, il faut estre très soigneux de se munir ou d'un capuchon, ou d'une coiffe qui soit attachée au chapeau mesme, et qui, descendant jusques sur le col, se vienne lier sous la gorge. Pour le vent et la pluye, les jambes doivent estre munies, outre les bottes, de gamaches, ou au moins de bonnes galoches, n'y ayant rien de plus délicat et de plus exposé à toutes les injures que le pied. J'aimeroi mieux porter mon espée à la cinture qu'avec un baudrier, pour ce que le pois de l'espée, pour légère qu'elle soit, blesse à la longue l'espaule droite, là où pose le baudrier. Dessoubs l'habit, entre chair et chemise, Orestes se mit un brayer feint, de toile, dont la cinture estoit par dedans de cuir double cousu en diverses bougettes qui se fermoient toutes avec un lacet commun : là-dedans il mit quarante-six pistoles qui estoient de son pécule, et en cousit dans sa camisole, sous les aisselles, vingt autres qu'Αγαμεμνων lui donna en partant avec une lettre de change de quarante autres pistoles; il les partit (1) ainsi, affin que si

---

(1) Répartit.

l'on les luy trouvoit en un endroit, les autres au moins lui restassent. De plus, il munit ses poches de tablettes, d'escritoire, d'une monstre, d'un estui et d'un couteau : choses estrangement nécessaires par voyage à cette heure. Pour ses hardes, il prit une valise de cuir fermante avec une chaisne de fer et cadenas, longue de cinq palmes et haute de deux; en quoi il faillit, car ou il la faut prendre plus petite, qui tienne quelque vingt-cinq ou trente livres pesant, de sorte que l'on la puisse porter commodément sur la croupe de son cheval, ce qui espargne beaucoup d'argent et de peine, les chevaux estant difficiles à treuver et très chers : ou bien il faut prendre une grande malle qui soit la juste charge d'un cheval, et faut qu'elle soit de bois; résistant plus à l'eau et conservant mieux les habits, qui se gastent entièrement dans celles de cuir. Dans cette valise il mit son linge, six de chaque sorte; un pourpoint de satin et un manteau de panne et des souilliers, pour se vestir civilement aux villes de séjour; il ne se chargea point de livres, fors d'un petit Senèque et d'un Épictète : n'y ayant marchandise plus fascheuse à porter en lieux d'inquisition, puor ce qu'estant d'abord saisie, ou il la faut perdre, ou il faut attendre deux ou trois jours pour la ravoir. Pour tous papiers, il prit ses lettres de docteur en droit civil et canon, qui sont les sciences seules qui facent estimer un homme en Ιταλιε, et lui donnent l'entrée aux charges; et ses lettres de tonsure, qui sont en telle vénération en ces païs-là, qu'elles exemptent de beaucoup d'oppressions et violences, et rendent les passages les plus difficiles libres et surs; outre ce, il voulut prendre un passeport du Roy, tant pour n'estre point fouillé ni recherché à la sortie du royaume, que pour avoir aux occasions une pièce autentique qui tesmoignast de la qualité de ses parens et de la sienne parmi les estrangers, qui sont d'ordinaire fort incrédules en ce point-cy, et qui soubçonnent tous ceux qui viennent de loing en leur païs, ou de fourberie, ou du moins de vanterie et de charlatanerie. Il print aussi un régime de vivre en ces climats chauds que lui composa exprés son bon ami Bourdelot le médecin; et, de plus, un recueil qu'il fit luy-mesme fort particulier περὶ φθοριων και ἀτόκιων (1) : prenant mesme une πομμε δε κολοχιντε et de l'αριστολοχιε πουρ λες αξιδεντς (2) qui luy pourroient survenir εν αμουρ. Outre ce, il porta aussi d'une πουδρε βλανχε πρεσερυατιυε δε υερολλε, πουλαινς, χανκρες, χαυδεπισσες, etc., pourveu que l'on se lavast λε υιτ απρὲς λε κοῖτ de l'eau où elle auroit trempé. Le médecin Scopa en estoit l'in-

---

(1) De drogues pour faire avorter et rendre stérile.
(2) Accidents.

venteur, et le Πουτιφε (1) l'avoit donnée à Ορεστης.

Tous ces préparatifs estant achevez, Ορεστης se mit en la compagnie du messager, auquel Αγαμεμνων avoit baillé quarante-cinq francs pour cheval et nourriture de Paris à Lyon, et cents sols pour cinquante livres que pesoient les hardes; cette voye estant bien la plus seure, pour l'addresse des chemins, pour les volleurs, et mesme pour l'espargne; n'estant point subjet par ce moyen aux rençonnements et aux contrastes (2) des hostes, ni aux soings qu'il faut avoir plus grand que de soi-mesme de ses chevaux sur les chemins. Néantmoins l'on ne se doit servir de cette voie qu'en affaires nécessaires et pressées, n'estant nullement bonne à une personne qui voyage pour plaisir et curiosité, pour ce qu'elle ne peut rien remarquer des lieux où elle passe, n'arrivant qu'à la nuit et partant devant le jour, outre la fatigue qu'apportent ces longues et continues traites. Mais il y a encore une incommodité bien plus grande que tout cela : c'est la compagnée de gens inconnus et ramassez dans laquelle l'on s'embarque, qui sont d'ordinaire ou plaideurs, ou marchands, ou nobles errants; de sorte qu'un

---

(1) L'Évêque de Digne. (Voir plus haut.)
(2) Difficultés, contestations, de l'Italien *contrasto*.

honneste homme est exposé ou à l'humeur barbare et rustique de ceux-là, ou bien à l'insolence des derniers, avec danger mesme bien souvent de la bource ou de la vie.

Orestes l'esprouva. S'estant rencontré avec un jeune gentilhomme d'Auvergne, qui sortoit de page de chez Monsieur, frère du Roy, nommé .... (1), et un autre jeune fils de Paris, qui se piquoit de haute noblesse et faisoit mestier de brave; un Polonois, un mercier de Lyon nommé Brouart, et un advocat du Roy, de Draguignan en Provence, nommé Villehaute : en cette compagnée, Orestes partit un mardi à onze heures du matin, 29 Octobre 1630, penultième jour de sa vingt et quatrième année (2), par la porte Saint-Victor. L'on rencontre Villejuifve à 2 lieues. Le Long Boyau, qui est un chemin droit et long, d'une lieue et demie. Juvisi, 3 l., village haut et bas; au bout passe une petite rivière qui vient de Chartres, nommé Orge. Rez, où il y a une fort belle maison et grand parc, 1 l.; Essonne, 3 l., village où en entrant l'on passe la rivière qui vient d'Estampes, laquelle sépare le païs Chartrain, dans lequel sont situez tous les lieux susnommez, d'avec

---

(1) Le nom est laissé en blanc dans le Manuscrit.

(2) Ceci nous donne la date exacte de la naissance de Jean-Jacques Bouchard : 30 Octobre 1606.

le Gastinois. Il y a sus cette rivière des moulins à papier, diamants, et poudre à canon ; en laquelle le feu s'estant mis quelques mois auparavant, avoit ruiné lesdits moulins et fort endommagé tous les lieux circonvoisins une lieue à l'entour. Le Plessis, 1 l., les Vernaus, 2 l., Corance, 2 l., Milly en Gastinois, 1 l., petite ville au milieu des bois, où l'on arriva à plus de trois heures de nuit, ayant fait près de quatorze lieues tout d'une traite. Toute l'après-soupée se passa en discours de noblesse et de prouesses, nostre jeune Parisien racontant ses voyages et duels et despences : ce qui engagea aussi aucunement Ορεστης, pour se faire valoir de son costé, de lascher quelques vanteries qui furent en partie cause des moqueries et insolences qu'il souffrit par après ; d'où il a appris la vérité et l'excellence du précepte que donne Cardan à tous voyageurs, dans son *Proxénète* : qu'ils n'ayent jamais à parler ni en bien ni en mal, de leurs personnes, qualitez, noblesse, richesse, ni desseins ; expérimentant depuis que c'est le seul moyen de vivre en paix et en estime parmi les estrangers, que de préndre peu de cognoissance de leurs affaires, et leur en donner encore moins des siennes.

Le mercredi 30, après estre parti de Milly une heure devant le jour, l'on rencontre à 2 lieues la Chapelle de la Reine, et à 1 l. l'on treuve une chaire de pierre, où l'on dit que Saint Mathurin preschoit aux païsans ; vis à vis à main gauche l'on voit l'abbaye et le village de Saint-Mathurin, et un peu par delà Nemours, où est un grand parc. L'on commence à entrer dans le Senonois. Vertaut, 1 l., Maison-Rouge, 1 l. : c'est une hostellerie toute seule, où l'on disna. A 2 l. de là, Pont-à-Gasson ou Chasteau-Landon. Préfontaine, 1 l., Montargis, 3 l., petite ville, mais la plus ressemblante à Paris qui se voye en tout le chemin pour la beauté des rues et gentillesse des bastiments, et surtout du pont, où il y a des maisons basties de chasque costé comme sur le pont Nostre-Dame. L'advenue en est fort belle pour les vignes et les prez qui l'environnent ; elle est commandée d'un vieux chasteau très ancien et très fort, où l'on dit qu'il y a la plus grande salle qui soit en toute la France, et qu'autrefois les rois y faisoient leurs nopces. Sur la cheminée il y a peinte l'histoire d'un chien qui combattit et tua celuy qui avoit assassiné son maistre, quoy qu'il se fust armé de pied en cap contre cet animal. L'on conte de cette ville-là à Paris vingt-trois à vingt-quatre lieues ; et le Loing passe à travers.

Là, après souper, ce jeune fils de Paris se coucha dans le lit qu'avoient retenu pour eux le Lyonnois et le Provençal, et persuada aussi Ὀρέστης de s'y venir coucher auprès de luy. Le Lyonnois, mutiné, en vient aux grosses paroles, et s'adressant principalement à Ορεστης le veut tirer par force hors du lit. Ορεστης, craignant de s'embarquer dans une querelle formée, où son compagnon mesme le pourroit abandonner, sort de son bon gré de ce lit, et va à celuy du jeune page. Le Parisien saute incontinent en place, se fait apporter un baston par son laquais, et veut épouster (1) le Lyonnois. De sorte que voilà toute l'hostellerie en rumeur : qui, estant apaisée par le pardon que demanda le Lyonnois au Parisien et à Ορεστης, le Lyonnois fait la sentinelle toute la nuit, vestu, et l'espée et pistolet bandé auprès de luy. Le Parisien, couché dans un autre lit voisin, vouloit faire venir Ορεστης coucher auprès de luy; ce qu'Ορεστης ne voulut pas faire, *silente nocte candidus illi puer tepente cum jaceret abditus sinu* (2); néantmoins,

Sic flammas aditura pias æterna sacerdos
Surgit, et a caro fratre verenda soror (3),

---

(1) Époussetcr.

(2) Attendu que, dans le silence de la nuit, il réchauffait en son giron un candide enfant.

(3) Ovid. *Amores*, III, 7. Ainsi se lève l'éternelle prêtresse qui va veiller au feu sacré, ou la sœur que doit respecter son frère chéri.

comme ce page se leva d'auprès d'Ορεστης cette fois-là et les autres : n'y aiant rien de plus simple et dévot que ce jeune garçon, qui néantmoins avoit esté eslevé dans une court extrèmement impie et desbauchée, surtout pour les garçons; quoy que ce page ait fort affirmé le contraire à Ορεστης, disant que monsieur d'Orléans deffendoit à ses pages de σε βεσογνερ νι βραυλερ λα πιχχε : leur donnant au reste congé de voir des femmes tant qu'ils voudroient, et quelquefois mesme venant de nuit heurter à la porte de leur chambre, avec cinq ou six garses, qu'il enfermoit avec eux une heure ou deux.

Le jeudi 31 d'Octobre, partant de Montargis, l'on treuve à 1 l. Mormant; Noan, 3 l.; bourg; les Besars, 1 l. : ce sont bois; la Bussière, 2 l., maison appartenante à M. du Tillet. Briare, ville, 3 lieues. L'on commence à voir Loire et entre-on au païs d'Auxerrois. Orestes y fit collation, et pour ce que le train du Cardinal de Richelieu qui revenoit de Lyon avoit occupé tous les logements, il fut coucher à Bosny, à 3 lieues. Là le Parisien, piqué contre Orestes de l'affaire de Montargis, et de jalousie pour le page, qu'il voyoit qu'Orestes caressoit plus que lui, commencea à l'offencer de paroles couvertes.

Le vendredi premier de Novembre, passé par Neuvy, bourg, 1 l., la Selle, 1 l., Cosne, petite ville sur Loire, 2 l. De l'autre costé de l'eau, l'on voit Sanxerre sur une montagne. L'on s'arresta à Cosne à cause de la feste de tous les Saints, et ouït-on la messe aux Augustins réformez; puis l'on disna, et ce fut là que le Parisien et Ορεστης en vinrent aux grosses paroles, jusques à se menacer et se vouloir battre. De là l'on passa à Maletaverne, 2 l., Pouilly, 2 l., la Charité, 1 l. 1/2, ville mal bastie, haute et basse, et où les rats, et les cloches qui sonnoient avec furie pour les Morts, empeschèrent de dormir toute la nuit Ορεστης, qui, outre les insolences que lui fit toute l'après-disnée par le chemin le Parisien, estoit encore tourmenté d'un gros clou qui lui estoit venu au repli de la fesse, que la selle du cheval lui avoit escorchée; et, pour l'achever de peindre, le lendemain 2 Novembre, le Parisien lui fourra dans l'embourrure de sa selle cinq ou six pierres, et luy mit un gros morceau de poix dessus; et néantmoins la douleur que lui causoit ce clou, sur lequel il falloit qu'il s'assist, estoit si grande, qu'elle l'empescha de s'adviser de cette postiquerie qu'après avoir passé la rue d'Enfer, qui est un chemin à la sortie de la Charité, fort mauvais, et estre arrivé à Germigny, distant de deux lieues : où voulant relever son chapeau, il se sentit collé à la selle. Arrivé à la disnée à Nevers, distant de quatre lieues, l'hostesse luy osta la poix de ses chausses avec du beurre frais et du fromage dont elle enduisoit et couvroit toute la poix, puis la lavoit et frottoit en eau bouillante.

Ορεστης, au lieu de se plaindre de cet affront, fit le malade pendant le disné, pour ce que l'on l'advertit que le Parisien, qui devoit rester à Nevers, comme querelleux qu'il estoit, vouloit faire quelque insolence et engager Ορεστης à se battre avant leur séparation; cette fiction réussit si bien, qu'ils se séparèrent sans se dire mot l'un à l'autre.

Nevers est une fort belle ville, et qui paroist fort de loing, à cause de quantité de tours et clochers fort hauts. En passant, l'on voit la tour de Saint-Cyre, évesché, qui n'est guères moindre qu'une de celles de Nostre Dame de Paris, et est toute ornée par dehors de figures et reliefs de pierre. L'on voit aussi le chasteau, qui paroist assez grand et fort. En sortant de la ville, l'on passe la Loire sur un beau et grand pont de pierre, et voit-on l'embouschure dans la Loire du fleuve Nièvre, qui donne le nom à la ville. (Qui veut sçavoir plus de particularitez voye *Itinerarium Galliæ Jodoci Sinceri*, p. 88, qui est un assez bon et diligent auteur, mais non si sçavant ni si exact qu'Abraham Golnitzius, qui a fait l'*Ulysses Belgico-Gallicus*, imprimé à Amsterdam, 1631, in-12°).

L'on commence, au païs de Nivernois, à s'apercevoir de la différence du langage, qui est plus court et plus gai que vers Paris. Les païsanes portent toutes des chapeaux, et les païsans vont tous vestus de toile fort blanche, et se servent de bœufs à labourer et trainer les chariots. Il y a force bois, et le chemin est mauvais ; principalement à une lieue de Nevers, et pour ce, cet endroit s'appelle la rue d'Enfer. De là à Magny, 2 lieues ; puis couché à Saint-Pierre-le-Moustier, petite ville présidiale, 3 l., où commence le Bourbonnois.

Le dimanche, passé à Villeneuve, 4 l., et disné à Molins (1), 3/4 l., bonne ville sur l'Allier, fleuve fort large ; les rues sont spatieuses, et y a mesme des allées d'arbres (voyez l'*Itin.* de Jodoc. Sincerus, p. 82). A l'hostellerie, quantité de femmes apportèrent des cassettes pleines d'estuis, couteaux, etc., qui y sont excellents. Ορεστης acheta un petit estui 30 sols, un canif 6 sols, un rasoir et un couteau 45 sols. Là le Polonois quitta la compagnée, comme aussi le page, qui tira vers l'Auvergne, en se séparant d'Ορεστης *non sine lacrymis et osculis*.(2) ; il luy promit de se battre à la première rencontre contre le jeune fils de Paris, pour se vanger des paroles insolentes et mesdisantes qu'Ορεστης luy rapporta

---

(1) Moulins.
(2) Non sans larmes ni baisers.

que le Parisien avoit tenues de luy, et pour vanger aussi Ορεστης.

A la sortie de Molins, l'on voit un gibet où il y a plus de deux douzaines de pendus ; et l'on treuve à 1 lieue Tolon; Bessai, 2 l.; Saint-Louis de Varennes, 1 l., petite ville où l'on arriva à trois heures de nuit avec la pluye continuelle sur le dos et la boue et les eaux jusques aux sangles. Ορεστης commencea à estre tellement harassé du chemin, avec les douleurs de son clou, que les bienheureux n'ont point tant de joye en λα υισιον δε Διευ, comme il en recevoit lorsqu'il commenceoit à descouvrir l'hostellerie ; admirant et louant la prudence et l'humanité de celuy qui premier inventa de bastir de semblables lieux sur les grands chemins, où un homme, harassé, mouillé et affamé, quoy qu'estranger et incognu est receu et aussi bien traité qu'en sa maison : invention qui a apporté peut-estre plus de commodité au genre humain, et a sauvé plus d'ames, que toutes les ρελιγιους et autres lois du monde. Estant descendu de cheval, il falloit le porter au lit, ne pouvant se soustenir sur les jambes ; et ce qui estoit de pis, c'est qu'il ne mangeoit point, le branle du cheval luy corrompant sa digestion, ni ne dormoit à cause de la trop grande lassitude ; et au partir de là, il falloit se lever le matin trois et quatre heures devant jour : ce sont les incommoditez que l'on reçoit avec les messagers, avec qui un homme qui a la commodité d'aller seul ne se mettra jamais.

Le lundy à Saint-Geran le Puis, 2 l.; Parigni, 1/2 l.; la Palisse, 2 l., petite ville forte sise sur une montagne fort roide. Il y a une vieille forteresse. Il faut partir de bonne heure, affin de passer de jour la vallée de la Palisse, qui est toute pleine de bois et commandée de montagnes, d'où les voleurs, qui sont tousjours en bon nombre dans cette forest, descouvrent de loing les passants et les viennent assaillir à l'impourveu ; ce passage estoit alors tout plein de soldats desbandez de l'armée d'Italie, qui ne firent néantmoins aucune violence, pour le respect du marquis d'Effiat, surintendant des Finances, qui passa cette mesme après-disnée en litière avec sa femme. Passé la vallée, l'on treuve une montée si roide que, pour la descendre, l'on avoit mis des bœufs au carrosse du marquis d'Effiat. Là commencent les montagnes d'Auvergne, et voit-on de loing à main gauche celles de Savoye; et le pays change tout à fait de face; les lieues deviennent plus longues, la langue changeant; et ne treuve-on plus jusques à la mer que monts, vallées, bois et précipices. Et qui considérera bien le païs, verra que c'est desjà ici un commencement des Alpes, desquelles procèdent comme d'un tronc les montagnes de Suisse, Bourgogne, Savoye, Auvergne, Vivarets, Daulphiné et Provence. Vers la Tour, village distant de 2 lieues de la Palisse, il y a une grande pierre plate posée sur une autre qui est fort pointue; l'on fait acroire aux niais que, sur l'heure de midi, cette pierre plate se tourne d'elle-mesme. L'on treuve à une lieue de là Saint-Martin, puis la Pacaudière, 1 l.; Ορεστης y coucha.

Le mardy, à 3 lieues, repassé la Loire dans un bac, à Roanne, bourg fort joly; la Reine mère et les Cardinaux Bagni et Richelieu y avoient passé, descendans par eau à Orléans dans certains basteaux dont il y a très grande quantité en ce bourg, qui sont faits fort proprement avec des ais comme de petites maisons. A une lieue et demie de Roanne, se treuve l'hospital, où commence la montagne de Tarare. Puis disné à Saint-Saphorin de l'Ay, distant d'une lieue et demie. Après avoir monté une autre lieue et demie, l'on treuve un meschant hameau nommé la Fontaine, et à une demi lieue au delà, la Chapelle, qui est tout au plus haut de la montagne; où il faisoit une telle obscurité à cause des brouillars, qu'Ορεστης fut contraint de mettre un mouchoir blanc sur la croupe du cheval du messager pour le pouvoir voir et suivre, quoy qu'il ne fust que deux heures après midy. Ces ténèbres y sont, ce dit-on, presque continuelles, la hauteur de la montagne arrivant près de la moyenne région. Cela fit songer à Ορεστης que c'est l'une des plus grandes faveurs que le ciel nous puisse donner, que de nous faire naistre en beau païs et tempéré. Aussi les gents qu'il vit là portoient sur le visage je ne sçai quoi de la misère et de l'horreur du lieu, ressemblant plus à des satyres, faunes et ours, qu'à de vrais hommes : surtout un certain hermite qui vient demander l'aumosne aux passans. Si la montée avoit esté roide, la descente le fut bien davantage, et elle peut estre mise au nombre des autres précipices qui entourent cette montagne de tous costez. Toute la compagnie mit pied à terre, bronchant et glissant dans la boue de dix pas en dix pas ; mais Ορεστης se tint tousjours à cheval, aimant autant choir avec sa beste que seul, outre qu'il voyoit les deux malliers, plus chargez de beaucoup que sa monture, aller sans broncher. Il luy réussit si bien, que luy seul arriva à Tarare sans choir, tous les autres estant ou blessez ou perdus de fange. Ce petit bourg est au pied de la montagne, distant d'une lieue de la Chapelle. La peste y avoit esté furieuse, et y en avoit encore alors quelque reste. La crainte d'estre volé empescha de bien reposer la nuit, y aiant une fort belle hostesse au logis qu'on disoit avoir pratiqué avec des garnimens.

Le mercredi 6 Novembre. L'on rencontre un

chemin fort fascheux, dans des bois, ne faisant que monter et descendre de fort aspres et hautes montagnes. A une demi-lieue est Saint-Antoine. Pontcherra, 1 l.; Bully, deux lieues; la Bresle, petite ville, demi lieue; la Tour, 1 lieue 1/2; Escully, 1 l.; Montribleau, demi lieue. Et à demi lieue de là, Orestes arriva enfin sur le midy à Lyon (1), que l'on ne peut voir que l'on ne soit tout proche la porte, la ville estant dans un fond et toute environnée de hautes montagnes. A la porte l'on escrit les noms et le païs de tous ceux qui entrent, et l'on donne un billet pour l'hostellerie où vous voulez loger, sans lequel l'hoste ne vous oseroit recevoir; puis l'on porte ses hardes à la douane; et ayant esté visitées, et ayant donné deux testons de vin au messager, Ορεστης fut disner à l'hostellerie des *Trois perdrix*, commenceant dès lors à vivre à ses despens. Il fut fort somptueusement et délicatement traité le soir à souper, où se treuvèrent plus de vingt gentilshommes à table, et au bout une fort belle damoiselle.

Lyon est une fort grosse ville, ayant plus de six lieues de tour, à ce qu'on dit. L'assiette en est fort bonne, et les murailles sont très fortes; et a trois chasteaux ou forteresses, la Pierre-Scize, Saint-Sébas-

---

(1) De Paris à Lyon, cent lieues. (*Note de l'Auteur.*)

tien et Saint-Clair, et quatre portes. Elle est fort peuplée, de sorte qu'encore qu'en l'an 1629 la peste eust fait mourir près de cent mille personnes, il n'y paroissoit desjà plus. Ce proverbe-cy court dans cette ville : *Lyon a deux villes, deux monts, deux rivières et deux ponts.* Les deux villes sont séparées par la Saône; les deux monts sont la Fortvière et Saint-Sébastien; les rivières : la Saone, qui vient de devers la Lorraine, du mont Vogese, passant par la Bourgogne, et vient perdre son nom au bout de la ville dans le Rhosne : lequel, aussi rapide que l'autre est lent, prend son origine des Alpes, et passe avec telle vistesse par le milieu du lac de Genéve, qu'il ne perd pas seulement sa couleur, qui est trouble et jaunastre. Les deux ponts sont sur ces deux rivières, fort longs et larges, de pierre de taille; celuy de la Saone a neuf arches, et celuy du Rhosne dix-neuf. Il y a quantité de belles places, entre autres Bellecourt au pont du Rhosne, où il y a un jeu de palemail, et quantité de belles maisons; et de ce lieu-là voit-on ce bel hospital, que l'on met entre les merveilles du monde. Les autres beautés de cette ville, églises, jardins, antiquitez, sont descrites très particulièrement dans l'*Ulysses Belgico-Gallicus Abrahami Golnitzi.* Ορεστης remarqua en vingt-quatre heures tous ces deffaults-cy. La ville est de soi fort laide, triste et puante, les rues estant fort estroites;

obscures et pleines de boue, et les maisons hautes, obscures, mal basties, sans estre ornées ni mesmes enduites par dehors ; tous les entours des portes et des fenestres estant jaunis d'ocre, et la plus part des fenestres n'estant que des chassis de papier, qui se haussent et se baissent comme des auvents, par dehors, avec des ficelles. La pente des toits ne respond pas du costé de la rue, mais se va joindre avec la maison voisine, puis l'eau est portée par de grandes gouttières de bois qui s'avancent jusques au milieu de la rue, ce qui est fort vilain à la vue, et plus incommode aux espaules de ceux qui passent lorsqu'il pleut. Le peuple y est fort rude, entièrement adonné au traffic et au change, meslé de diverses nations, surtout d'Italiens ; est fort superbe et mutin. Le langage lourd et mal plaisant, principalement à cause de certains *a* qu'ils mettent à la fin de tous les noms qui se terminent en France en *e* féminin, comme *dame*, *dama*, et tiennent l'accent fort long sur cet *a*. Les femmes sont noires et laides, mais vont bien vestues, les artisanes mesmes s'habillant de soye de diverses couleurs, et pour ce s'appellent toutes *Madamoiselle ;* car, passé Loire, l'on ne voit plus de chapperons ni de bourgeoises. Les filles vont coiffées en cheveux, et les femmes mariées ont un couvrechef fort proprement fait en voile de navire : cela s'entend du petit peuple, car les damoiselles et dames de qualité vont coiffées et vestues à la Françoise. Ainsi parle-t-on là ; car de Lyon en çà l'on appelle tous ceux de delà Loire François, et passent quasi pour estrangers en ces païs-cy.

Le jeudi 7 Novembre, après avoir donné 48 sols à l'hoste pour le souper du soir et le desjeuner, et fait le marché avec un bastelier qui retournoit à vide en Provence, luy donnant un escu pour aller jusqu'en Avignon, Ορεστης fut prendre le billet de santé. C'est une cérémonie incognue aux païs de delà, qui est telle : en partant d'un lieu, faut prendre une attestation des officiers à ce députez, par laquelle ils font foy que vous avez tant demeuré en ce dit lieu, et spécifient vostre bagage et vostre train, et le lieu où vous voulez aller, priants les officiers dudit lieu qu'ils ayent à vous laisser passer, attendu que la ville d'où il part est exempte de peste; et par les villes où vous ne faites que passer sans y coucher, il suffit de faire mettre au dos de vostre billet, par les officiers qui sont establis aux portes pour regarder les billets de tous ceux qui passent, que vous avez passé par un tel endroit; mais au lieu où vous couchez, il faut prendre un nouveau billet ; et faut garder tous ces billets, car aux principales villes, l'on ne se contente pas de voir vostre billet de couchée, mais l'on vous demande celui de la ville où vous avez fait vostre dernière demeure. C'est pourquoy, en prenant celuy de Lyon, qui est le premier, il sera bon de faire mettre dedans que vous avez demeuré en cette ville quinze jours ou un mois. Qui ne prend ces billets-là ou qui les perd est en danger d'estre arquebusé, ou du moins faire quarantaine. Ce sont les ordres qui se gardent en ces païs-là en temps de peste, et qui sont très nécessaires, le mal estant beaucoup plus contagieux en ces lieux chauds que delà Loire, où il fait plus froid. Ορεστης ayant donc prins son billet, que l'on lui fit payer deux sols, comme aussi en tous les autres endroits de Provence, il s'embarqua sur les dix heures du matin avec un jeune gentilhomme de Valence nommé de Challons ; ayant par bonne fortune pour luy, comme on verra cy-après, rompu compagnie avec cet advocat du Roy de Draguignan, qui estoit venu de Paris tousjours avec luy, et qui fit difficulté de se mettre dans le basteau d'Ορεστης à cause d'un cheval qui estoit dedans : et véritablement un bien advisé ne souffrira jamais ni cheval ni autres grandes bestes dans le vaisseau où il sera, à cause des inconvéniens qui peuvent arriver si un cheval ayant peur se met à faire le fascheux, en danger de renverser ou enfoncer le basteau.

Estant esloigné de demi lieue, Lyon paroist parfaitement belle et superbe, par ses deux rivières, ses deux ponts, et la grande quantité de ses églises, entre lesquelles celle de Saint-Jan, la plus ancienne et la mère de toutes celles de France, sise au bas de la ville sur le bord de la Saone, se fait comme adorer par son antiquité et sa grandeur; elle ressemble fort à l'archevesché de Paris, principalement en ses tours. A cinq lieues de Lyon, l'on passe soubs le pont de Vienne, où le Rhosne est fort dangereux, à cause des grandes ondes et vortices que cause sa rapidité resserrée, et qui font faire des sauts périlleux au basteau. Tiberius Gracchus fit ce pont en l'an de la ville bastie 576, en venant ès Gaules. La ville est en Daulphiné à main gauche, et les faux bourgs sont de l'autre costé du Rhosne à main droite; elle ne paroist pas bien grande, mais forte, et a une forteresse sur un rocher qui luy commande. Elle a une petite rivière nommée Gière, sur laquelle sont quantité de moulins où l'on forge des lames d'espées qui sont fort estimées. L'on appelle ces forgerons-là les *martinets,* peut-estre à cause qu'ils sont tousjours dans l'eau, comme ces oiseaux. De cela et de la ville voyez Golnitzius, p. 443. Ils disent que Pilate, ayant esté relégué par Tibère en cette ville, y est mort, et montrent encore son prétoire, la tour où il a esté prisonnier, et, un peu au dessous de la ville, les ruines de sa maison, où il y a encore une pyramide, et appellent une montagne qui est à deux lieues le *Mont de Pilate;* et il y a un précipice où ils disent qu'il se jetta, et que pour cela il est tousjours couvert de nuées et brouillars : qui paroissoient aussi fort espais sur les autres montagnes du Dauphiné, et d'Auvergne et Vivarets, dont le Rhosne est bordé à main gauche et à main droite ; où le patron fit aborder son basteau vers une heure de nuit au lieu de Serrière, qui est un hameau de trois ou quatre meschantes maisons, sis vis-à-vis du péage de Rossillon, distant environ de quatre lieues de Vienne. Orestes et les autres furent coucher là, excepté le bastelier qui coucha tousjours dans son basteau, pour le garder, sur une paillasse, sans autre couverture qu'une grosse cappe qu'il vestoit. L'on fut assez bien traité, et eut-on d'un certain vin nouveau doux, qui sembla si délicat et excellent à Ορεστης qu'il en but jusques à en estre malade tout le jour suivant ; et si (1) il ne paya, pour souper et desjeuner, que vingt-cinq sols.

Le vendredi 28. A trois lieues de Serrière, mais de l'autre costé du Rhosne, l'on voit un chasteau avec un hameau nommé la Maison de Pilate, où l'on tient qu'il a demeuré ; et à une lieue, Tain, petit bourg ; et vis-à-vis, de l'autre costé du Rhosne, l'on

---

(1) Et toutefois.

voit Tournon, petite ville, où il y a une citadelle ;
et le collège des Jésuites paroist fort. Là commence
le Vivarets. A deux lieues de là, mais de l'autre
costé du Rhosne, l'on voit l'embouschure d'Isère,
rivière qui vient du Mont Cenis et passe par Grenoble ; elle rend le Rhosne encore plus rapide, principalement vers Valence, qui est une lieue plus bas.
La ville est petite et fort ancienne, ayant esté fort
célèbre pour son Université. Tous descendirent
pour disner ; mais Ορεστης se contenta de se faire
apporter du pain et six sardines fresches, qu'il paya
dix-huit deniers. C'est la première fois qu'il mangea
de ce poisson, lequel ressemble aucunement à nos
esperlans pour la forme, et aux célerins pour le
goust. Pour les antiquitez de cette ville, voyez,
Golnitzius, p. 454. A quatre lieues de Valence, l'on
voit Loriol, où passe une petite rivière nommée
Drome ; de l'autre costé du Rhosne l'on voit les
ruines du Pousin et Privas, petits hameaux sur deux
collines, et qui ont tant fait parler d'eux par les
brigandages que les Huguenots nichez là-dedans faisoient sur le Rhosne. Après avoir veu à main gauche
Montelimart, où passe le fleuve Roubion, distant de
Loriol de quatre lieues, l'on fut coucher à une
lieue de là au bourg Saint-Andréol, sis à main droite
du Rhosne, qui est là plus dangereux qu'en aucun
autre endroit, à cause de sa grande largeur, de ses

vagues, et de quantité de rochers apparens et cachez sous l'eau; de sorte qu'il n'y a qu'un petit destroit qui soit sûr, et si le bastelier n'est plus que pratique des lieux, l'on court très grand péril de périr. Bien traité, bon vin et bons fruits, et si l'on ne paya que douze sols.

Le samedi 9. L'on voit, de l'autre costé du Rhosne, Pierrelatte; à quatre lieues on passe la Berre, et Nostre-Dame de Plan à trois; et presque vis-à-vis, de l'autre costé de la rivière, l'on voit le Pont-Saint-Esprit, petit bourg, où il y a un pont de pierre de taille le plus beau de tous ceux de l'Europe : aussi est-ce l'ouvrage des Romains. Il est long de 1030 pas et large de 12 (autres disent 1200 et 15), et a 22 ou 24 grandes arches; et entre chaque grande il y en a une petite qui passe tout à travers de chasque pilastre, affin de donner passage à l'eau quand elle est haute, ce qui est aussi à celui d'Avignon et en la plus part de ceux d'Italie. Voyez Golnitzius, p. 461. Là commence la Provence, et le païs change de face, devenant extrêmement fertile et agréable à la vue, et l'air est extrêmement doux; de sorte que ce sont délices nonpareilles de se laisser couler, sans aucune peine ni tracas, entre ces belles campagnes sur le Rhosne, qui nous porte plus viste que ne feroit la plus légère poste; mais il faut essayer de se munir de compagnée agréable,

autrement il ennuye infiniment, comme il arriva à
Ορέστης, qui, passé Valence, se treuva seul avec un
messager qui ne fit autre chose que chanter des
Pseaumes en fin Provençal. Il avoit un anneau de
cuivre qui estoit composé de deux lames l'une sur
l'autre, et quand l'on tourne celle de dessus sur le
mois auquel l'on est, tous les mois estant marquez
sur la lame de dessoubs, le soleil passant par un
petit trou marque dans la cavité de l'anneau quelle
heure il est.

Passé le Pont-Saint-Esprit, se présente à main
gauche la principauté d'Aurange, où passe la rivière
Argente, sur laquelle est sise la ville d'Aurange,
deux lieues et demie au dessous du Pont-Saint-
Esprit; de laquelle voyez Golnitzius, p. 463. A
deux lieues d'Aurange, l'on voit l'embouschure de
la Sorgue, qui vient de Vaucluse, lieu si célèbre
pour la demeure de Madame Laure et de Petrarche,
et là où il a fait la plus part de ses poësies, et où il
est mort. Voyez Golnitz, p 496. Et à deux autres
lieues de là, Ορέστης se desbarqua enfin, sur les dix
heures, à Avignon : où l'on fait garde très exacte
aux portes, et donne-on un soldat pour vous mener
à l'hostellerie que vous voulez, après vous avoir
demandé ce que vous venez faire en cette ville et
combien vous y voulez demeurer. Ορέστης fut loger
à la *Ville de Marseille*, là où il y avoit deux fort

belles filles de l'hostesse, dont l'aisnée estoit infiniment affligée du départ d'un Italien qui estoit son serviteur, à qui elle supplia Ορεστης de vouloir faire ses recommandations, s'il le rencontroit à Rome. Il y fut traité fort abondamment et délicatement, principalement pour le pain, qu'ils font fort gentil pour la forme, mettant une petite corne au dessus, et fort bon et blanc : tout le pain qui se mange depuis Paris jusques là estant noir et de mauvais goust. Le vin estoit encore meilleur, et fut servi dans un flaccon de verre tout nud et fort clair, à la mode de Provence et d'Italie. Ce disner aussi luy cousta 25 sols.

Avignon est fort grand d'enceinte des murailles, qui sont parfaitement belles, ornées de merlets (1), barbacanes (2) et tours; et du costé du Rhosne il y a une petite forteresse sur une haute roche, qui commande à la ville et au pont, lequel est plus long que celui du Saint-Esprit, ayant près de 1300 pas, mais à peine en a-il cinq de large; il a 23 arches, mais les trois du milieu sont rompues; et vers le bout il va un peu en courbant et fait comme un coude, aboutissant à la ville neuve qui est vis-à-vis

---

(1) Le merlet (ou merlon) est la partie du parapet qui est entre deux créneaux ou deux embrasures.

(2) Meurtrières.

d'Avignon, de l'autre costé du Rhosne et au-dessous de Saint-André, qui est sur le haut d'une roche bien fortifiée. Tout le pont est au Roy, fors les trois arches plus proches d'Avignon, qui sont au Pape, comme tout le reste du Contat de Venissi. Les bastimens de la ville sont fort beaux, retirans à ceux d'Italie, les rues et places spacieuses et nettes, et les églises fort jolies et ornées. On dit ce proverbe-ci au païs : *En Avignon, sept palais, sept portes, sept paroisses, sept églises collégiales, sept convents, sept monastères de femmes et sept hospitaux.* Cette ville ressemble fort à Rome, tant pour ce qui a desjà esté dit, que pour estre peu habitée, principalement lorsqu'Orestes passa, la peste ayant presque tout emporté l'année d'auparavant. Il y a, comme à Rome, des Juifs qui portent le chapeau jaune, le bordel public et l'Inquisition; ils mangent et logent presque à l'Italienne, mettant sur leurs portes les armes du Pape ou des Cardinaulx patrons. Les femmes y sont belles, galantes et mignonnement vestues, principalement quand elles vont à la campagne; s'habillans de certaine estofe fort fine faite de stame ou laine longue de couleur gris, un peu brun meslé de blanc : sans teindre, elle s'appelle au païs tridène. Elles se coiffent à l'Italienne, et mettans un petit chapeau avec le parasol en main, elles vont bravement à cheval. L'on dit qu'elles aiment fort la bonne chère et le passetemps. Les hommes sont adonnez à leurs plaisirs et à l'intérest, et sont assez civils et courtois, mais vains et glorieux, et surtout grands fourbes. Ils ont imbu ces humeurs Italiennes pendant le séjour qu'y a fait soixante-douze ans la Court de Rome, qui y fut transportée par Clément V en l'an 1305. Voyez les raisons de sa venue et de son retour, et pourquoi ce comté appartient au Pape, et toutes les autres particularitez de cette ville, dans l'*Ulysses* de Golnitzius, qui en parle fort amplement et librement, comme Huguenot qu'il est. Le Cardinal de Bagny, y estant vice-légat, en a fait faire une charte fort particulière. Le Cardinal Francesco Barberino en est légat, comme neveu du Pape, et par privilège particulier y fait battre des pièces de cinq sols que l'on nomme là *Barberins*. Les quarts d'escus s'appellent *saizins;* les doubles, *patas de rei*. De là en avant commence à courir la monnoye du Pape aussi bien que celle du Roy; mais la dernière est beaucoup plus estimée, jusques là que l'on donne, pour un quart d'escu, 17 sols de monnoye Papale; et pour l'escu d'or qui valoit lors 4 francs à Paris, ils donnoient 17 barberins, qui sont 4 livres 5 sols. Et pour la pistole, qui valoit lors huit francs, ils donnoient 33 et 34 barberins, qui sont huit livres dix sols. De sorte que quiconque passe en Italie, et qui peut se charger de monnoye surement, doit changer là tout son or, qui est toujours plus bas en Italie qu'en France, où la pistole valant lors huit francs, en Italie elle ne se prenoit que pour 7 livres ou 28 Jules; de sorte qu'Orestes, pour n'avoir pas changé son or en barberins, pour la peur qu'il avoit qu'ils ne fussent pas receus à Rome, où néantmoins ils courent comme les Jules (1), il a perdu sur chasque pistole six Jules, qui font 30 sols; de sorte que sur les soixante-six pistoles qu'il avoit sur luy il a perdu cent francs : qui est autant que s'il les eust fait venir de Rome par lettre de change à 25 pour cent, comme il se paye aujourd'hui; et eust mieux fait, se délivrant par ce moyen du danger d'estre volé, ou fouillé aux passages; et tout bien considéré, on y gagnera toujours à se servir de banquiers, plus tost que de porter son argent sur soy.

Ορεστης ayant apprins que la famille du Cardinal Bagny estoit passée quelques jours auparavant, et qu'elle pourroit estre alors à Marseille, il ne séjourna pas plus de deux heures en Avignon, voulant rattraper cette compagnée pour passer avec elle plus commodément et seurement en Italie. Il print deux chevaux de retour, qu'il paya 9 livres pour

---

(1) Ils furent descriez à Rome quelque temps après, et n'y ont plus de cours. (*Note de l'Auteur*).

aller jusques à Aix, où ils content 2 journées, à raison de 20 sols par jour pour cheval, 20 sols pour sa nourriture, et 20 sols pour le voiturin (ainsi appellent-ils ceux qui conduisent; mais de ces neuf livres là le maquignon en retint quatre pour luy. C'est pourquoy il faut toujours, si l'on peut, faire marché avec le voiturin qui vient avec vous, car l'on a beaucoup meilleur marché, et prendre des chevaux qui retournent au lieu où vous allez : autrement vous baillez le double, payant autant le retour des chevaux à vide, que l'allée. Il partit donc sur une heure après midy, en compagnée d'un chevalier de Malte, d'un chanoine d'Avignon nommé Bouche, qui estoit d'Aix, et d'un Jacobin réformé assez sçavant, qui vouloit passer en Italie, et d'un marchand de toiles de Tolon. Après avoir cheminé quelques deux lieues soubs des oliviers, grenadiers, amandiers et meuriers blancs (s'y faisant grand quantité de soyes), sous lesquels l'on sème le bled, qui y vient en quantité, l'on rencontre la Durance, rivière fort large, peu creuse, presque toujours trouble, et si rapide que, pour pouvoir faire passer le barc, ils sont contraints de se servir de cette invention-cy : ils plantent deux grands pieux aux deux bords de l'eau, où ils attachent un gros chable bien tendu qui passe tout au travers de la rivière, et soustient le basteau qui est comme agraffé à cette chorde par un autre pieu planté droit à la teste du vaisseau ; lequel pieu a une poulie au milieu, là où la chorde porte, affin que le basteau glisse plus aisément ; et ainsi, faisant tourner tant soit peu, vers le bord où ils veulent arriver, la pointe du barc, en inclinant un peu vers le mesme bord le gouvernail qui fait tourner la queue du basteau de l'autre costé, d'où l'on est parti, la rapidité de l'eau, contrainte dans cette obliquité du basteau, le pousse à l'autre bord d'elle-mesme ; sans qu'il soit besoing d'avirons, et encore moins d'hommes qui, s'attachans au chable avec les mains, et avec des chordes, poussent des pieds le basteau, comme l'on fait aux barcs de France, où il faut tousjours cinq ou six pour le moins ; et ici un ou deux suffisent. Cette façon de passer est particulière à la Provence ; car plus haut, sur le Rhosne, au dessus du Pont-Saint-Esprit, comme aussi en toute l'Italie, le basteau est attaché à ce gros chable qui traverse la rivière, avec une corde qui n'est pas plus grosse que le poulce, mais qui est longue de trois ou quatre toises, laquelle chorde glisse le long du chable par le moyen d'une poulie passée dans le chable, à laquelle elle est attachée. Ils appellent cela au païs la *traille,* à cause de la poulie, qui se nomme ainsi là.

En cet endroit-là de la Durance que l'on nomme le port de Noves, et où l'on confirme les billets de santé, et visite-on les hardes pour voir s'il n'y a point de marchandises qui n'ayent pas payé la douane, la principauté du Pape estant bornée par cette rivière qui, venant du Briançonnois, sépare le comté de Venissi ou Venacin d'avec ce qui s'appelle proprement Provence, l'on passe deux barcs où l'on fait payer un sol; la compagnée disoit que c'estoit affaire au voiturin de le payer. Après avoir passé quelques trois lieues d'assez bon païs, mais parfaitement beau pour les herbes et arbrisseaux odoriférants et rares qui y croissent au lieu de buissons, et ayant laissé à main gauche Salon de Craux, ville où nasquit Nostradamus, et y fut enterré l'an 1567, comme porte son épitaphe (voy. Sincerus, p. 244), Orestes fut coucher à Orgon, petite ville forte sur la Durance : traitez fort délicatement de poisson et fruits le soir, et le lendemain à desjenner de poulets, jambons et pastez, qui donnèrent de fortes tentations au Jacobin, qui ne mangeoit point pour ce qu'il vouloit dire la messe. Tout cela ne cousta que 20 sols.

Le dimanche 10, après avoir passé quatre grandes lieues qui en valent cinq de France, par un pays inégual, tantost montueux et tantost plat, plein de romarin, lavande, tim, myrte, laurier et lentisque, qui y croissent naturellement au lieu de broussailles, l'on fut ouïr la messe à Lambesc, à une église de

Mathurins ; laquelle expédiée, le moine mangea amplement au *Chapeau rouge,* et but encore mieux d'un certain vin muscat nouveau excellent, comme disoient les autres ; car Ορεστης ne mangea point du tout, *per conto di sanità et di lesina* (1), et a presque toujours depuis observé cette règle, de ne faire qu'un bon repas le jour, disnant ou soupant légèrement lorsqu'il a ou bien soupé ou bien disné.

A la sortie de Lambesc, l'on treuve quantité d'oliviers, mais fort petits, de sorte qu'il semble proprement que ce soient des osiers. Après, l'on monte une colline chargée de rouvres, chesnes verds (deux espèces de chesnes qui ont la feuille plus petite que les ordinaires, plus brunes et plus lustrée : les chesnes verds l'ont encore moins large et descoupée que le rouvre, retirant fort au laurier), arboussiers (arbre fort beau : voyez-en la description au *Recueil des plantes,* comme aussi des autres), storax, lentisques, lauriers, myrtes, rosmarins et pins. A la sortie de ce paradis, où régnoit le printemps, mesmes au mois de Novembre, l'on commence à descendre par la vallée la plus facile en bleds, oliviers, fruitiers, vignes, figuiers, la plus délicieuse et agréable pour les herbes et arbres odoriférants, et surtout pour la vue, qui s'estend jus-

---

(1) Italien : pour cause de santé et d'économie.

ques à la mer, à ce que l'on dit, et qui descouvre toute la grandeur et circuit d'Aix, qui est au bas dans un fond : où l'on n'arriva que vers la nuit, quoy que l'on ne conte que trois lieues de Lambesc à Aix, mais qui en valent tout au moins six ou sept de France (1), tout le reste des lieues de Provence valant le double et le triple de celles de la Loire.

Toute la ville estoit lors en armes, le peuple s'estant souslevé pour un nouveau establissement d'eslus que le Roy vouloit faire en cette province, abolissant les Estats; en quoi la Noblesse ayant grand intérest, ces Estats estans tenus par ceux de leurs corps, et qui par conséquent leur apportoient grand gain et grand pouvoir, avoit rendu ces eslus si détestables et si horribles à la populace, qu'elle avoit formé un parti contre, nommé le *Cascaveau*, à cause d'une sonnette qu'ils portoient au bras pour signe, laquelle s'appelle cascaveau en Provençal; et la sédition avoit esté si violente, que le premier Président et quelques conseillers du Parlement avoient esté contraints de sauver leur vie par la fuite, leurs maisons ayant esté pillées, bruslées et abbatues tant aux champs qu'à la ville, pour un simple soubçon qu'on avoit qu'ils favorisoient le

---

(1) La distance réelle, de Lambesc à Aix, est de 21 kilomètres.

parti des eslus. L'image du Cardinal de Richelieu et du Marquis d'Effiat avoit esté bruslée publiquement en la place. Ορεστης, en cette rencontre, couroit danger de sa vie, s'il eust dit à la porte qu'il estoit venu à Aix pour parler à Mr de Peiresc, comme véritablement il venoit pour cela; ce qu'il n'eust pas manqué de dire et monstrer les lettres qu'il avoit de Paris pour luy, s'imaginant qu'elles lui serviroient de passeport, veu la qualité de conseiller et la grande réputation qu'il avoit en cette ville : mais ce Bouche qui estoit venu d'Avignon avec Orestes, qui sans y penser lui avoit parlé du Sr de Peiresc, l'advisa qu'il eust bien à se garder de tesmoigner à la porte ni dans Aix qu'il eust seulement la cognoissance de cet honneste homme; lequel estoit suspect pour avoir traité chez lui le S^r d'Aubray, maistre de requestes, qui avoit porté la commission des eslus, et qui fut contraint de se sauver par dessus les toits des maisons. C'estoit l'ancien ami de Mr de Peiresc, ayant fait le voyage d'Italie ensemble. De sorte qu'Orestes estant interrogé diligemment à la porte, où il y avoit double garde, d'où il venoit et qu'est-ce qu'il demandoit, dissimula tout, faisant entendre qu'il ne vouloit seulement que coucher, pour passer le lendemain à Tholon (1),

---

(1) Toulon.

où il vouloit s'embarquer; et qu'il venoit de Lyon : ayant esté adverti par le mesme Bouche, qu'il ne fist paroistre en aucune façon de venir de Paris, pour ce que tous ceux qui en venoient estoient suspects. De plus, l'on luy demanda à la porte si il n'avoit point rencontré par le chemin les troupes de Monsieur frère du Roy, qu'on disoit venir pour assiéger leur ville : auquel ils estoient résolus de fermer les portes, et au Roy mesme, ce disoient-ils, s'il venoit pour establir les eslus. Et passant par les rues, quantité de pauvres gens l'arrestoient par la bride, luy demandant si le Roy continuoit à vouloir les eslus, et juroient, s'arrachants les cheveux, et foulants leurs chapeaux aux pieds, qu'ils se lairroient plus tost tous couper la gorge que de les recevoir. Que si Orestes fust venu en compagnée de cet Advocat du Roy de Draguignan, qu'il laissa à Lyon, et lequel venoit se faire recevoir en un office de procureur du Roi aux eslus, qu'il avoit levé aux parties casuelles : ou bien que l'on eust sceu à Aix qu'Ορεστης, qui de bonne fortune avoit changé de nom, se faisant appeler sur le chemin Ναιοκρενε (1), estoit fils d'Αγαμεμνων, lequel avoit pris le parti des eslus du Languedoc et les avoit establis l'esté précédent en cette province, qui se vouloit aussi

---

(1) Fontenay.

rebeller lors à l'imitation de la Provence, le peuple l'eust assurément deschiré et mis en pièces.

Après avoir soupé à l'hostellerie de la *Mule*, il fut porter les lettres d'Επικουρος au Prieur de la Vallette, pour lors grand vicaire de l'archevesque ; vénérable vieillard fort versé aux sciences, principalement en l'astrologie, et qui tesmoigne, dans la franchise et simplicité de sa conversation, la sincérité et générosité de ses sentiments. Il envoya querir, à la prière que lui en fit Ορεστης, le chanoine de Bragemont, jeune gentilhomme, grand amateur des lettres et qui a les bonnes opinions (1). Tous deux lui firent entendre comme le Sr de Peiresc se tenoit absent d'eux en sa maison de Beaugensier (2), à ... lieues de Tolon, à cause des soubçons que l'on avoit qu'il ne favorisast les eslus : jusques là que le peuple luy avoit abbatu une maison dans Aix, qui estoit attachée à celle où il demeure, soubs prétexte qu'il l'avoit louée à un partisan des eslus ; et leur furie avoit passé jusques à un cabinet où le Sr de Peiresc tenoit quelques livres, qui ayants esté prins, luy furent par après

---

(1) C'est-à-dire celles de Gassendi.

(2) Beaugensier, ou, comme Bouchard l'écrit ensuite, Beaugencier. C'est aujourd'hui Belgentier, village de 900 à 1,000 habitants, à 21 kilomètres de Toulon. Le château de Peiresc y existe encore, sous cette dernière dénomination.

reportez à Beaugencier : conseillants au reste à Ορεστης de partir le lendemain le meilleur matin qu'il pourroit, ne faisant nullement sur en cette ville pour ceux qui venoient du costé de Paris ; et luy donnèrent des lettres adressantes à un juge de Tolon, nommé Chabert, qui le mèneroit à M. de Peiresc. Retournant le soir à l'hostellerie, Ορεστης ne vit que gens armez par les rues et maisons ruinées et rasées jusques à une toise de terre.

Le lendemain 11, jour de Saint-Martin, que l'on ne festoit point là, après avoir bien desjeuné de diverses sortes de petits pastez fort délicats, entre autres de certains faits de trippes hachées avec du fromage, qui sont fort bons, et payé pour le souper et desjeuner 24 sols, Orestes fut faire un tour par la ville, qu'il treuva grande et fort belle ; ayant les rues droites, larges et nettes, quantité de places spatieuses ornées d'arbres ; et les maisons y sont superbes et enrichies de diverses architectures. La plus part estoient encore marquées de croix blanches sur les portes, pour la peste qui y avoit esté furieuse l'année d'auparavant : et si néantmoins la ville ne laissoit pas d'estre lors fort peuplée et marchande. La noblesse est fort splendide, ce dit-on, surtout les femmes, qui despensent extrêmement en habits, et jouent ; Ορεστης n'y en vit pas de fort belles. Ceux du corps du Parlement y sont respectez comme des roys; et ont retenu l'ancienne coustume de se faire conduire au palais par leurs cliens, de sorte que tel conseiller sera accompagné quelquefois de cinq et six cents. En somme, après Paris, Ορεστης n'a point vu de plus superbe ni de plus gentille ville; elle a seulement ce deffaut-cy : que l'usage des fosses de privez n'y estant point receu, il faut aller faire ses affaires sur les toits des maisons; ce qui empuentit fort les logis, et mesme toute la ville, principalement lorsqu'il pleut, l'eau entrainant dans les rues toute cette ordure; de sorte qu'il fait fort mauvais cheminer en ces temps-là. Aussi dit-on au païs qu'*à Aix il pleut merde*, comme il fait aussi à Marseille et Arles.

Aix a trois mille cinq cents fœus.

Après cette promenade, Ορεστης n'ayant pu treuver des chevaux de retour pour Tolon, ni de relais (qui est une autre bonne commodité, le prix estant fait à 20 sols par jour et l'on n'est point sujet au retour ni à mener d'homme avec soy), il fut contraint de reprendre les deux mesmes chevaux et le voiturier qui l'avoit amené d'Avignon, luy donnant 12 francs pour trois jours en l'allée et au retour; et sortant d'Aix sur les dix heures du matin, il treuva quantité de maisons de plaisance et fermes, qu'ils appellent bastides. Puis, ayant passé une petite rivière, l'on commence à monter et trouver pays assez rude et infertile, fors en quelques vallons ; jusques à Roquevaire, distant de quatre lieues, où Orestes rattrapa le moine, le chevalier et le marchand, qu'il avoit quittez le soir à Aix. Il les treuva presque tous yvres d'un certain flasque de Malvoisie, que l'hoste leur avoit donné comme la plus forte de toute la Provence. Orestes se contenta d'un certain muscat doux, et de raisins frais, qui sont estimez les meilleurs de la Provence : et à la vérité, il les treuva si délicieux qu'il s'en chargea de quelques grappes pour manger par le chemin. Tout son disner ne lui cousta que 5 sols : laissant le chevalier, le moine et l'hoste enfermez dans une chambre, se querellants pour le payement : le chevalier ayant l'espée à la main, et le moine menaçant de dire certaines paroles qui feroient, ce disoit-il, incontinent abismer l'hostellerie. Ils eurent par après la commodité de mettre dans leur vin de l'eau de la Veaune, qui est une petite rivière que l'on passe à la sortie de Roquevaire ; Ορεστης allant toujours devant, selon sa coustume, qui est de n'attendre jamais personne par les chemins, mais de suivre tousjours son voiturier. Après avoir fait quelques deux lieues de chemin dans les montagnes, l'on monstre à main gauche le lieu où ils disent que la Magdeleine fit pénitence, estant venue d'Asie avec sa sœur Marthe et son frère

Lazare, qui fut premier évesque de Marseille. C'est un fort haut rocher creusé par dedans, et pour ce ils appellent cet endroit la *Sainte Baume* : *baume* en Provençal signifiant une caverne qui est dans un rocher. Un peu au delà, l'on monstre la roche St-Bonaventure, qui est la plus élevée de toutes : c'est un Almanac perpétuel, disent-ils, et qui ne ment point, ne manquant jamais de pleuvoir lorsqu'il apparoist sur sa cime une petite nuée, semblable à de la fumée; laquelle y estoit lors : aussi plut-il le lendemain. Après, l'on commence à monter une montagne extrèmement roide qui dure deux grandes lieues, toute chargée de faux pins : ce sont pins sauvages qui ne font point de pignon, desquels on tire la résine en cette façon-cy : l'on lève l'escorce, et quelque peu du bois mesme, quelque quatre doigts de large depuis le hault du tronc jusques à demi-pied près de terre, où l'on fait comme un petit réceptacle, là où toute la résine s'escoule; d'où l'ayant levée, ils enlèvent encore par après la superficie du bois par petits copeaux, pour avoir la résine qui y est attachée, et, mettant le feu à ces copeaux, la résine coule en bas; laquelle, estant noircie par le feu, devient ce que l'on appelle poix : la vraye résine estant celle qui se cueille de dedans le trou de l'arbre sans passer par le feu.

Ayant fait une lieue et demie de chemin fort raboteux dans cette forest, l'on treuve une assez belle maison, où est attachée une hostellerie : cela s'appelle Cuges; et à une demi lieue au delà deux autres hostelleries qui s'appellent Coniouls, à cause de la quantité de conils (1) qu'il y a en cet endroit-là. Ορεστης fut coucher en la seconde hostellerie, où il treuva une longue table bordée de quinze ou vingt grands manants de mauvaise mine, vestus tous de blanc, avec des bonnets pointus rouges et bigarrez; c'estoient muletiers et pastres, qui avoient pour tout mets un plat de cabre boullide (2). L'on donna au souper à Ορεστης et aux autres qui arrivèrent à deux heures de nuit, des tourdes (ainsi appellent-ils là les grives, qui sont fort communes et fort bonnes en ces pays), du mouton, des saulcices, des raisins, et des amendes rosties au four dans la coque mesme, viande commune là et qui est fort friande. Pendant le souper, Ορεστης et le moine disputèrent fort et ferme de la précellence de Ronsard à Théophile, le moine soutenant le parti de Ronsard avec telle opiniastreté, qu'il en eust fallu venir aux mains, si tout le monde ne se feust retiré chasqu'un à son lit, laissant le moine tout seul descharger sa cholère sur son brévière; lequel dit, et treuvant

---

(1) Lapins.
(2) Chevreau bouilli.

tous les licts prins, il se voulut mettre à quereller l'hoste, luy alléguant que son habit vouloit coucher seul, et ne pouvoit souffrir auprès de luy un séculier au lit : que pour ce il excommunioit l'hoste ; lequel, n'estant grain sot (1), vouloit mettre mon moine dehors par les épaules, donnant mille curedents de Provence (ce sont vits d'asne et de mulet) à tous les ordres monastiques, et jurant de jamais n'en loger aucun.

Le lendemain mardi 12. Après avoir donné 20 sols à l'hoste, et avoir un peu cheminé, l'on descouvre la mer, qu'Ορεστης désiroit avec beaucoup de passion, et qu'il ne treuva pas si belle ni si admirable qu'il s'estoit imaginé, ne paroissant de loin que comme une grande riviere. De là l'on descend, parmi des romarins, bruières, myrtes, lentisques et cades (espèce de genevrier, mais le fruit et la feuille plus grande et plus piquante, et est de verd plus clair), une fort roide vallée où il faut mettre pied à terre; puis, après avoir remonté une colline fort fertile et couverte d'oliviers, l'on descend sur une

---

(1) « *Grain* sert quelquefois de complément à la négation *ne*, dans un style plaisant ou Marotique. » (Littré.) — C'est l'équivalent du Latin *bilum*, proprement hile, petit point noir au bout des fèves, et, au figuré, un peu, un rien; d'où *nihil* et *nihilum*.

chaussée dans une estroite vallée enfermée de tous les costez de rochers si hauts, si droits et si sauvages, qu'Ορεστης n'a jamais vu rien de si affreux ni de si horrible; et ce qui est de plus remarquable, c'est que sur la croupe d'une de ces roches la plus eslevée, et qui fait peur à la regarder seulement d'en bas, l'on voit un petit village qui semble devoir choir sur les passans; il s'appelle Evenes. A la sortie de ce destroit, l'on treuve Olioules, petit bourg distant de 3 lieues, où l'on demanda à Ορεστης s'il estoit eslu. De là en hors, l'on commence à voir quantité d'orangers, limoniers, poncires et cytroniers dans les jardins, mais non par la campagne. L'on dit que plus bas vers la mer, à Hières et tirant vers Antibe, il y en a de longues allées et comme des forests entières par les champs; mais Orestes, en tout son séjour de la Provence, n'en a vu que dans les jardins. D'Olioules à Tolon, il y a une lieue du plus beau chemin du monde, sur du sable bordé de hauts oliviers, figuiers, vignes, capriers et arbres fruitiers. A la consigne de Tolon (ainsi appellent-ils le lieu où l'on voit les billets à la porte), l'on fit difficulté de laisser entrer Orestes, à cause qu'il venoit de Lyon, ville suspecte, et pour la peste et pour les eslus. Puis on luy donna un billet (comme on fait à Lyon) pour aller loger à l'hostellerie de *Sainte Catherine*, où l'hoste s'appelle

Le Bon : *ex re nomen habens*, car jamais Orestes ne fut si bien et si affectueusement traité, et si à bon marché que là·dedans.

Il estoit encore grand jour quand Orestes arriva à Tolon; de sorte qu'il fit en moins de quinze jours deux cents lieues; car, bien que l'on ne conte de Lyon à Tolon que soixante-cinq ou soixante-dix lieues, néantmoins il·y a plus de chemin que de Paris à Lyon, où l'on conte cent lieues.

Tout ce voyage, en chevaux et autre voiture, nourriture, billets de santé, port de malle, vin aux valets et servantes, luy revint à octante-trois livres. Les menus plaisirs, en ces ferrements qu'il achepta à Molins, et une charte de France à Lyon, de 5 sols, et 14 sols de port de lettres : cinq livres, — 88 livres.

Arrivé à Tolon, il fut treuver ce juge Chabert pour qui il avoit des lettres; duquel il receut toutes les courtoisies imaginables, l'ayant mesme fait souper et coucher chez luy : où coucha aussi avec Ορεστης le neveu de M. de Peiresc, fils de M. de Velavez, nommé le baron de Riants, jeune homme fort simple et qui n'a point de plus belle qualité que celle de gentilhomme. Le lendemain 13 Novembre, comme ce baron et Ορεστης vouloient partir pour Beaugencier, où estoit M. de Peiresc, ils furent empeschez par un bruit qui courut ce jour-là par la ville, que quatre cents hommes d'Aix venoient pour ruiner Beaugencier, et couper les oliviers d'alentour de Tolon, pour ce qu'ils ne s'estoient pas rebellez quand et quand eux; mesme cette matinée-là, Monsieur de Guise vint à Tolon voir les munitions et fortifications.

Enfin, le lendemain mercredi 14, ils partirent l'après-disnée, passant par la Garde, la Valette et Soliez, qui se voit sur le haut d'une montagne, et dit-on que c'est une fort belle maison et délicieuse, appartenante au gouverneur de Tolon. C'est à deux lieues de Tolon, dans le plus beau païs du monde par la quantité d'oliviers, figuiers, lauriers, myrtes, grenadiers et orangers dans les jardins. A trois quarts de lieue l'on passe une petite rivière nommée le Gapeau, qui va à Beaugencier, sur laquelle il y a des moulins à papier, qui s'y fait fort beau, et un martinet à cuivre, et un autre moulin à scier du bois. A un quart de lieue de là se treuve Beaugencier, village enfermé entre deux montagnes, qui a environ 250 fœus.

Monsr de Peiresc retint le soir et le lendemain 15 tout du long du jour Ορεστης chez luy, avec toute la bonne chère et toutes les faveurs que l'on sçauroit souhaiter. Aussi est-ce un homme qui n'a pas son pareil en l'Europe pour la courtoisie et humanité,

comme aussi pour la sagesse, science, curiosité de
toutes les belles choses, et intelligence de tout ce
qui se passe dans le monde : n'y aïant royaume,
païs ni ville célébre où il n'aye correspondance,
et d'où il ne sache et n'aye tout ce qu'il y a de remarquable et de rare : soit par les gens de mérite et
de sçavoir avec tous lesquels il a commerce de
lettres, ou par des hommes qu'il tient exprès à ses
despens sur les lieux. Aussi a-il le cabinet le plus
curieux de l'Europe. Car, pour les livres, il a une
bibliothéque accomplie, tant d'imprimez que de
manuscrits, qu'il fait tous relier en maroquin rouge
de Levant avec quantité de dorures ; et tient à cet
effet continuellement en sa maison deux ou trois
bons relieurs. Pour les médailles et autres antiques,
il en a telle quantité, que l'on luy desroba en un
seul coup, il y a deux ou trois ans, trois cents médailles d'or. Les peintures sont infinies, entre autres
les portraits des hommes illustres. Comme aussi
tous les ouvrages des autres arts nobles et curieux,
dont il a toujours chez lui quelque excellent artisan.
A cette heure, pour les choses naturelles, il a tout
ce qu'il y a de rare et de curieux. Et ce qui est de
plus excellent, c'est qu'il n'est nullement chiche de
tous ces beaux trésors, mais les communique et
les envoye à tous ceux qu'il sçait en estre dignes,
sans en estre prié mesme bien souvent : aussi est-il

recognu partout pour l'unique fauteur et protecteur de tous les lettrez; les aydant de livres, de crédit et faveur, et quelquefois mesme d'argent. Sa maison est la retraite et le rendez-vous de tous les gens de mérite, principalement de ceux qui passent de France en Italie, et d'Italie en France; et n'y a homme de vertu ou de qualité qui face ce chemin, sans excepter mesmes les princes, ambassadeurs, nonces et agents, qui ne le vienne saluer, et prendre de luy instruction et lettres d'adresse.

Ce fut aussi ce qui avoit fait venir là Ορεστης qui, partant de Paris, avoit pris de Mrs du Pui (1) et Rigault (2) lettres de recommendation addressantes à lui. Il bailla à Ορεστης diverses lettres pour Rome, entre autres aux Cardinaux Barberin et Bentivoglio; et pour instruction l'advisa qu'il ne parlast jamais ni de Dieu ni du Pape soit en bien ou en mal; qu'il se vestist de long pour se rendre plus vénérable, et s'exemter de despense et de desbauche; qu'il hantast le moins qu'il pourroit les François, et qu'en pratiquant avec les Italiens, il ne s'embarquast jamais avec eux ni au jeu ni aux femmes; qu'il leur déférast fort et les estimast. Après, il luy communiqua le peu de raretez qu'il avoit à Beaugencier,

---

(1) Les savants Pierre et Jacques du Puy.
(2) Nicolas Rigault (voir plus haut, page 4, not.).

son cabinet estant à Aix, de sorte qu'Ορεστης ne put le voir. Entre autres, il luy montra quantité de commentaires Grecs manuscrits sur Platon, qu'il vouloit envoyer à Holsteinius (1); un petit trépied antique et deux momies, dont l'une estoit toute entière, estant encore enveloppée de ces papiers ou chartes, ou incrustations, qu'ils usoient en ces temps-là, qui sont variéguées de jaune, bleu et rouge, avec quantité de figures de bestes et hiéroglifiques. Orestes remarqua sur le front, l'estomac et le ventre, la figure d'un *scarabeus* ou fouille-merde. Le masque d'or ou d'argent qu'ils leur mettoient au lieu du visage, avoit esté osté. Elle estoit de démesurée grandeur. L'autre estoit sans cette première couverture, et la voyoit-on liée estroitement par tous les membres de petites bandes estroites de linge, avec lesquelles ils attachoient à la chair les drogues préservatives de corruption, dont ils la farcissoient aussi par dedans; elle avoit de petits idoles touts vers dans le ventre. Outre ce, il monstra la caisse extérieure de bois dans laquelle ils enfermoient les corps : ce sont deux morceaux

---

(1) Lucas Holsteinius, en Allemand Hoste, né à Hambourg en 1596, mort en 1661. Ayant abjuré le Protestantisme, il s'attacha, en 1627, au cardinal François Barberini, et alla se fixer à Rome, où il devint, en 1636, bibliothécaire et chanoine du Vatican.

de bois creusez par dedans, et taillez grossièrement par dehors en forme d'un homme enseveli; soubs le menton, il y avoit une petite éminence de bois de deux doigts. C'est la marque du masle, disoit le Sr de Peiresc; peut-estre que cela veut représenter la barbe. Il avoit eu toutes les peines du monde d'avoir cela, car, outre les deffences qui sont expresses en Égypte de n'enlever aucun de ces corps, les mariniers ne s'en veulent point charger, disant que cela fait exciter des tempestes extraordinaires et noyer le vaisseau où elles sont.

Ensuite il luy monstra ses fleurs, dont il a très grande quantité de fort belles et rares, puis ses arbres et orangers, dont il a une infinité de sortes : entre autres, il a toute une palissade d'orangers de la Chine, qui demeurent toujours bas, ont la feuille fort petite, et qui se tond comme du bouis. Ils portent un fruit excellent et musqué; il le faut manger avec l'escorce mesme. Son enclos n'est pas fort grand, estant entre des montagnes; la rivière passe au travers, où il y a de fort bonnes truites. Le bastiment n'est pas somptueux, mais commode : de sorte qu'il y a tousjours un appartement vide pour les estrangers; quoy que son frère, le baron de Velavez, loge en cette mesme maison avec sa femme, son fils, et de plus sa bru, depuis que Mr de Peiresc a eu marié son neveu, auquel il a donné son office de conseiller, faisant dessein de ne plus retourner à Aix, mais de demeurer à Beaugencier, et y faire venir son cabinet. Ils vivent ainsi tous ensemble là-dedans, à l'antique, n'y ayant jamais eu de partage entre les deux frères ; de sorte que par cette communauté et bonne intelligence, ils mènent une vie de prince avec six ou sept mille escus seulement qu'ils ont de revenu en tout : tenant tousjours cinquante personnes dans la maison; faisant despences excessives à entretenir tant de correspondances dehors et achepter livres et autres curiositez; envoyant des présents à quantité de gens de qualité éminente, et logeant et traitant tous les honnestes hommes qui passent.

Toutes ces généreuses actions ressentent bien l'ancienne noblesse d'où ils sortent. Mr de Peiresc est l'aisné de la famille, ayant environ cinquante-trois ans; il est de stature haute et menue, le visage long et mélancolique, le poil chastain clair, fort posé et respectueux en sa conversation, mais qui a la mine de se faire fort respecter en la maison, ayant un certain air impérieux. Ses discours sont libres et gays, sans beaucoup de scrupule, quoy qu'il face dire tous les jours λα μεσσε en sa chambre. Mange fort peu, et ce du mouton bouilli seulement. Dort peu, estant subjet à une suppression d'urine qui l'incommode. Son principal exercice sont les livres;

et les lettres qu'il faut qu'il escrive continuellement : en quoy il corrige, note, et apostille toutes celles qu'il reçoit, puis les fait transcrire dans un registre, comme il fait aussi de toutes celles qu'il envoye; et n'escrit jamais à un lieu, qu'il n'envoye des lettres à tous ceux qu'il y cognoist.

Dès sa jeunesse il commencea cette vie studieuse, et pour ce ne s'est jamais voulu marier; et a toute sa vie haï et mésestimé les femmes. Mr du Vair, venant à estre premier Président à Aix, gousta tellement son esprit, qu'il l'eut tousjours à manger chez luy pendant qu'il fut en Provence; et estant appelé à la Court à la charge de Garde des Sceaux, il l'emmena avec soy, où il luy fit avoir l'abbaye de Guistres, qui ne vaut néantmoins que mille escus de rente; elle est près Bordeaux.

Le 16, estant retourné de Beaugencier, il fut voir hors du port de Tolon un grand vaisseau de guerre. Il estoit si haut hors de l'eau, que de l'esquif il y falloit monter par une assez longue échelle de chorde. Et encore que l'on soit arrivé au dessus, l'on n'est pas encore entré dans le vaisseau : pour ce que l'on se treuve sur un réseuil (1) fait de chorde grosse comme les deux pouces, qui deffend

---

(1) Réseau.

et enveloppe tout le vaisseau : de sorte qu'encore que l'ennemy soit monté là dessus, il ne peut rien faire, tous les passages estant bouchez, et ceux du vaisseau les pouvant d'en bas chasser à coups de piques et arquebuses par à travers les mailles de ce ret. Cela s'appelle le pont de la chorde. De là faut monter encore une autre eschelle de chorde pour arriver à la pouppe, qui est comme un petit chasteau, ayant ses parapets, barbacanes et artillerie. Il y a dedans la salle du conseil, et celle pour manger, puis l'appartement du capitaine et des autres officiers ; et elle a jusques à trois estages : comme aussi a tout le reste du corps du vaisseau, en contant le pont de chorde pour le premier. Le second est un autre treillis, mais qui est de bois. Le troisiesme est la couverte ou plancher de l'estive. En ces trois sont logez les soldats et mariniers ; et dans le quatriesme et dernier estage, qui est l'estive ou fond du vaisseau, sont les munitions et marchandises. Ce vaisseau portait cinq à six cents quintaux : car c'est ainsi qu'ils content en Provence la charge du vaisseau, et non par tonneaux comme l'on fait en l'Océan.

Le soir, ayant demandé advis à une troupe de mariniers des Martègues, où il pourroit plus aisément apprendre des nouvelles de la tartane de la famille du Cardinal de Bagny : les uns luy conseilloient d'aller par terre jusques à Cannes, pour ce que là passent tous les vaisseaux qui vont en Italie ; outre que, par ce moyen, il éviteroit le péril des corsaires, qui est principalement aux isles Hières. D'autres luy déconseilloient, disant qu'il y a péril par ce chemin, où il faut passer un grand bois ordinairement plein de voleurs, et qu'il valoit mieux aller à Marseille.

Donques le dimanche 17, après avoir ouï la messe aux Jacobins, Ορεστης monta à cheval à la porte ouvrante ; et passant par le mesme chemin qu'il avoit fait en venant d'Aix, fut disner à Conious, où il despensa 12 sols, et après avoir descendu cette montagne couverte de pins, il quitta le droit chemin qui va à Aix tournant à main gauche, par un païs montueux ; où ayant fait deux lieues, il treuva Aubaigne, petite ville, où l'on a accoustumé de coucher ; mais ayant du jour de reste, il voulut aller plus outre, passant au dessus de la ville, où il treuva une troupe de belles filles et fort proprement vestues, qui dansoient à la porte d'un jardin, dont il y a quantité à l'entour de ce bourg, et aussi quantité de vignes ; au travers desquelles ayant fait quelque une lieue et demie il fut coucher à Saint-Marcel, petit village ; ayant passé la Veaune, qui est assez large en cet endroit et rend le lieu fort agréable par les prez dont elle est bordée. Il ne treuva là que des figues et raisins secs et des œufs, mais de fort bon vin ; il luy cousta 10 sols.

Le lundi 18. Après avoir cheminé environ une lieue par un chemin fort inégal et pierreux, bordé de hautes montagnes du costé de main gauche, l'on commence à voir un nombre infini de fort belles maisons, basties superbement, peintes et ornées de divers enrichissements, et toutes accompagnées de grands enclos de murailles enjolivées de chaperons, merlets et tourelles, où les oliviers, citronniers, aurengers, grenadiers, palmiers, figuiers, etc., donnent le renom aux jardins de Marseilles, par dessus tous ceux de France ; les belles dames de la ville les rendent encore plus fameux par les festins, les dances et les amours. L'on conte plus de huit cents de ces maisons de plaisance, qui occupent toute une plaine qui s'estend jusques à la mer, et qu'on dit avoir plus de cinq lieues de tour. D'autres assurent qu'il y a la moitié davantage de mesteries qu'il n'y a de maisons à Marseille, chasque bourgeois en ayant deux ou trois.

Ορεστης, n'ayant pu apprendre aucune nouvelle de la famille du Cardinal à Marseille, estoit résolu de s'embarquer pour Arles, où il avoit ouï dire qu'elle estoit ; lorsqu'en disnant, ayant dit par hasard tout haut qu'il cherchoit des Italiens, un marchand de Lyon luy apprit comme il estoit venu avec ceux d'Arles par terre, et qu'ils s'estoient partis de Marseille le dimanche après disner; et que si Ορεστης eust couché à Aubagne, qu'il les eust rencontrez. A l'instant Ορεστης quitta un pasté qui le vouloit retenir à toute force par sa délicatesse, jointe à une couple de perdrix et vin et fruits excellents; et ayant donné 20 sols à l'hoste, il fut rattraper son voiturin qui estoit desjà à cheval pour retourner, et luy ayant donné 40 sols de manche pour avoir permission de monter sur son cheval, quoy qu'Ορεστης l'eust desjà payé pour l'allée et pour le retour (et si encore dit-on que selon les règles des voiturins, ce garson avait fait plaisir à Ορεστης, puisque les autres luy eussent fait payer tout de nouveau la voiture), ainsi Ορεστης retourna, sans avoir rien vu de la ville que le port, qui est fort long, mais assez estroit, en figure ovale, et dont l'entrée se ferme la nuit par une grosse chaisne de fer, qui est supportée en divers endroits de piles de pierre. Il y a un gros torrion, où l'on enregistre tous les vaisseaux qui arrivent et les marchandises qu'ils portent, avec le nom du maistre et du lieu dont ils viennent. Ce port est deffendu d'une forteresse qui est en terre ferme, et qui commande encore à toute la ville, nommée le fort de Nostre Dame de la Garde; d'où l'on arbore un estendard à tous les vaisseaux qui entrent et qui sortent. L'on dit que de là l'on voit l'Afrique, d'où viennent quantité de vaisseaux Turcs et pirates inquiéter l'entrée de ce port : de sorte qu'il est autant périlleux pour ce respect, qu'il est fameux et riche pour la quantité de marchandises qui y abordent de toutes parts, principalement de Levant; d'où vient, entre autres, grande quantité de coral et de nacre de perles, qu'ils taillent fort proprement en cette ville, faisant des chapelets et des chaisnes du coral, et des cuilliers et des gobelets de nacre, ce qui est à fort bon marché. Entre les vaisseaux les plus remarquables, Ορσστης vit la galère et le gallion du duc de Guise, alors gouverneur pour le Roy de la Provence; ce dernier est extrêmement remarquable pour sa grandeur, et ses enrichissements et dorures, principalement à la poupe et au phanal. Il vit aussi deux ou trois trouppes de dames sur le quay; les plus belles et les mieux vestues qu'il eust vu depuis Paris; aussi les Marsilloises se prétendent en ces deux points par dessus le reste des femmes de la France; mais l'on dit qu'elles ont ce deffaut : qu'elles sont fort lourdes et rustiques dans la conversation et le discours, disant peu, mais faisant prou. Pour ce qui est du reste de la ville, Orestes ne vit que des rues fort estroites, sales, obscures, et hautes et basses, toute la ville estant sur une pente fort roide. Elle est au reste extrêmement forte, tant d'assiette que de murailles, ce qui rend ce peuple-là mutin et séditieux; joint aux richesses qu'il a et à la grandeur de la ville, où l'on compte près de ... fœus.

Ορεστης reprint donc le mesme chemin qu'il avoit tenu le matin, hormis qu'il passa à travers d'Aubagne, petite ville fort sale et champestre; où ne voulant pas coucher, quoy qu'on le menaçast des voleurs et de la nuit, il passa outre tout seul, son voiturin estant demeuré derrière, et n'ayant treuvé personne qui le voulust conduire jusques à Coniou, où il n'y a que deux lieues au plus, à moins de deux testons. Il ne fut pas à l'entrée du bois, que la nuit le prit; de sorte qu'il chemina plus de deux grosses heures sans voir ni sçavoir où il alloit. L'aspreté du chemin, l'horreur des ombres, la menace que l'on luy avoit faite des voleurs, y ayant mesme au milieu de cette forest le long du chemin un gros tas de cailloux, sous lequel l'on disoit qu'estoit enterré un passant qu'ils avoient tué : tout cela, joint aux hurlements des chiens des pastres, qui estoient de çà de là cabanez sur le haut des montaignes où ils avoient allumé quelques feux, estoit suffisant d'espouvanter un moins craintif qu'Ορεστης; qui, estant enfin par hasard arrivé au logis du sieur de Cuges, trouva pour consolation un grand coquin de soldat qui faisoit le malade, et vouloit à toute force demeurer dans son lit qui estoit

dans la mesme chambre où devoit coucher Ορεστης :
d'où il sortit pourtant enfin, et de plus survint une
jeune espousée avec son mari et sa mère ; et un peu
après le voiturin d'Ορεστης, ce qui le rassura tout. Il
mangea là un poulet fricassé à l'huile, ce qui n'est
pas si désagréable que l'on s'imagineroit ; ce souper
lui cousta 16 sols.

Le mardi 19, estant retourné à Tolon, il fut
treuver les gens de la famille du Cardinal, et présenta les lettres de Mrs de Peiresc et du Puy à un
Giovan Battista Casale, gentilhomme Romain, lequel,
vitio gentis (1), fit d'abord de grandes difficultez
qu'Ορεστης peust estre admis dans le vaisseau, et
demanda temps pour en consulter avec ses deux
autres compagnons, avec lesquels il estoit venu par
terre d'Arles, et avoient passé tous trois à la Sainte-
Baume : le reste de la famille estant demeuré à
Arles avec la tartane, qui devoit venir à Tolon au
premier bon vent. L'un de ces trois estoit le sieur
de Slingeland, gentilhomme Flamand, parent d'Erricius Puteanus (2) de Louvain ; il servoit le cardinal

---

(1) Par vice de nation.

(2) Henry Dupuy, en Flamand Van de Putte, en Latin
Erycius Puteanus, né à Vanloo (Gueldre) en 1574, mort en 1646
à Louvain, où il occupait la chaire de Juste Lipse. Il a composé
en Latin un grand nombre d'opuscules sur des sujets d'érudition.

de secrétaire des lettres Latines, estant homme qui a le goust des belles lettres et qui sçait. Sitost qu'il eut receu les lettres du Sr Rigault qu'Ορεστης luy donna, il fit par force conclure à ses compagnons, qu'Ορεστης passeroit avec la famille; et voulut qu'en attendant il vinst loger avec eux en une maison particulière, où ils se retirèrent à cause de la charté des hostelleries; quoy qu'Ορεστης, en la sienne de *Sainte-Catherine*, n'aye payé que 4 francs, pour la nourriture et logement du mardi 19, mercredi 20 et jeudi 21.

Le vendredi 22, il se mit avec ces Italiens et fit marché avec le maistre du logis à 25 sols par homme pour logement et nourriture. Ils furent là dix jours entiers à attendre le bon vent; pendant lesquels Ορεστης, pour se retirer de l'oisiveté ennuyeuse dans laquelle croupissent les gens de mer quand ils sont au port à attendre, il se mit à remarquer tout ce qu'il put des particularitez du lieu où il estoit.

Toute la Provence se ressent si fort du voisinage de l'Italie et de la longue domination des Romains, qui dure encore aucunement au contat d'Avignon, que, sans la séparation des Alpes elle pourroit passer pour partie de l'Italie, mesme à plus juste titre que la Lombardie et la marche Trevisane. Car premièrement estant à mesme élévation que Genes, Florence et Rome mesme (Tolon et les Ières n'ayant guères plus de 42 degrez d'élévation), cette province jouit de la mesme clémence et pureté d'air que ces païs-là; et Orestes treuva le mois de Novembre et Décembre plus gai et plus chaud que May ni Juin mesme à Paris. Cette ressemblance de climat fait produire à la terre mesmes plantes et mesmes fruits, mais en plus grande quantité et meilleure qualité en ce païs-cy qu'en l'autre. Car, outre les pins, rouvres, chesnes, verds, lauriers, lentisques, storax, arboussiers, romarins, genests, oliviers sauvages, daladerts, qui a la feuille grisastre et le fruit rouge, ulmes, petelins, fustet, dont ils se servent pour faire la teinture jaune, qui font les forests en ce païs-là; outre les myrtes, saviniers, lavande, aspic, tim, tamaris, genevriers, argelas, qui fait la fleur comme le genest, mais est fort piquant, fanuil, qui sert à préparer les cuirs, laurier, thim, avaux, qui est un arbrisseau qui produit une petite excressence au pied, qu'ils appellent vermillon pour ce que l'on fait de cela l'escarlate (l'on en fait aussi la confection alchermès), dont sont composez les buissons et broussailles; outre les orangers, limoniers, citroniers et palmiers mesmes; grenadiers, coigniers et chastaigniers qui produisent leurs fruits d'extraordinaire grosseur, bonté et quantité, comme fait aussi le bled, le ris, le safran, le lin, les cannes de sucre, que l'on fait à Ières fort beau et bon : les

Provenceaux prétendent que leur vin, figues, raisins, pommes, poires, prunes, cerises, soient beaucoup meilleurs que ceux d'Italie. Orestes ne demeure pas d'accord avec eux pour le vin ; car le Provençal est fort et généreux à la vérité, mais fumeux, grossier et d'un goust un peu aspre, au lieu que ceux d'Italie sont délicats, doux, légers et sans fumée. Pour les chairs, il n'y a point de doute qu'elles sont beaucoup de meilleur goust là qu'en Italie ; surtout la venaison et le mouton, qu'on dit estre meilleur à Tolon qu'en aucun lieu de l'Europe. Voilà ce qui concerne les choses naturelles. Pour celles qui dépendent de la constitution des hommes, elles sont pour le moins aussi semblables que les autres aux Italiennes. Premièrement il y a diversité de princes comme en Italie : le Roy, le Pape et le Comte d'Aurange. Les villes se gouvernent par consuls, magistrats populaires et annuels, trois ou deux, qui tiennent le lieu de nos prévosts, maires et eschevins. Le droit Romain ancien y sert de loix et coustume, et le moderne, qui sont les décrétales, y a grande autorité. Le Pape mesme y confère les bénéfices.

Il y a, en ce païs, tout plein d'autres particularitez, exemptions et privilèges, que ce peuple s'est réservé lorsque leurs comtes estant esteints, ils se donnèrent à la France. (Voyez Fr. Clapperius, jurisconsulte Provençal.) La religion aussi bien que la justice est vestue desjà là à l'Italienne, et fait plus d'honneur à la Vierge qu'à son fils, et garde plus superstitieusement les constitutions modernes (*verbi gratia*, abstinence de chair, jeusnes, festes et chapelets) que les anciennes : *non occides, non mæchaberis, non furtum facies, non loqueris falsum testimonium contra proximum tuum,* quatre vices qui sont aussi fréquents en ce païs-là, que l'hérésie y est rare (n'y aiant point ou fort peu d'Huguenots, et n'ont qu'un temple en tout le païs, qui est de deçà la Durance, vers la mer) : surtout l'intérest et la médisance ou perfidie, dont Orestes a treuvé entachez tous les Provençaux qu'il a cognus ; comme aussi l'orgueil, que leur engendre naturellement le voisinage et commerce des Espagnols : mesprisans toutes les autres nations, et surtout ceux qu'ils appellent François, que le vulgaire nomme par dérision *Francimants,* qui sont ceux de delà Loire, qui passent en ces païs-ci autant pour estrangers que les Alemants à Paris ; principalement pour la langue, le François estant si peu entendu là parmi le peuple, qu'Ορεστης estoit contraint pour se faire comprendre, principalement les femmes, de parler un Italien bastard et desguisé à la Françoise ; l'idiome Provençal ayant grande connexité avec celuy d'Italie pour la prononciation et terminaison, y ayant fort peu de ces consonnances oisives dans les mots qu'ont les François : mais les Provenceaux les font toutes sonner, comme aussi toutes les voyelles dans les diphtongues, ainsi que font les Italiens ; et la plus part de leurs dictions se terminent en voyelles : entre autres l'*a* est plus fréquent dans leurs mots, et mesmes à la fin, qu'aux nostres. Tout cela fait que leur langue approcheroit beaucoup plus que la Françoise à la vivacité et au son clair et distinct de l'Italienne, s'ils n'affectoient point une si grande légèreté et brièveté sur les premières syllabes de leurs mots, tirants tous les accents sur la dernière, où ils tombent avec tant d'impétuosité, et s'arrestent si court, qu'il semble quand ils parlent qu'ils ayent tousjours haste et qu'ils soyent hors d'haleine. Cela fait qu'ils ne prononcent jamais bien le vrai Italien non plus que le François ; aussi les François ni les Italiens ne peuvent jamais parler bon Provençal, à ce qu'ils disent.

Si la prononciation de cette langue est aucunement semblable à l'Italienne, sa diction et sa phrase l'est encore davantage : tenant premièrement toutes deux beaucoup du Latin, et de plus les Italiens ayants reporté en Italie beaucoup de cette langue, au retour d'Avignon à Rome, comme confesse mesme Bembo au premier livre de ses *Proses*, qui fait une fort grande estime du Provençal; ayant esté autrefois la langue dont se servoient les plus polis non seulement en France, mais en Italie et en Hespagne, tant à parler qu'à escrire. Encore qu'elle soit aujourd'hui fort corrompue, elle ne laisse pas d'estre très belle, copieuse, élégante et significative. Il y a une certaine langue en certains villages, qu'ils appellent *parler figou* : il est du tout semblable au parler des villages de la rivière de Genes.

Les habits sont aussi fort de l'Italien, principalement pour les femmes, lesquelles sont vestues de toutes sortes d'estofes et couleurs, sans regarder à l'assortiment ni à la condition, aussi bien qu'en Italie : de sorte que la femme d'un pescheur, ou d'un artisan, ira vestue de taffetas et satin gris, vert, jaune, rouge, etc., et portera sur une juppe de drap rouge, une camisole de taffetas ou satin jaune ou gris; ou la juppe de satin, et la camisole de laine et le plus souvent de couleur différente : et sont toutes damoiselles, comme en Italie *signore*. Mais elles sont beaucoup plus belles et plus propres que les Italiennes, surtout à Marseille. Les Provenceaux disent qu'elles sont plus chastes, mais les Marseilloises font tout ce qu'elles peuvent pour les faire mentir. Elles commencent desjà à tenir beaucoup de la bestise et idioterie servile des Italiennes : leurs maris les traitants autant en servantes, que ceux de France les traitent en maistresses; et se ressentant desjà de la jalousie Italienne, ils les font tenir au logis le plus qu'il est possible : néantmoins le jeu et la dance avec les hommes, et mesmes les baisers, leur sont encore permis là, principalement à Aix et à Marseille. Et sont beaucoup plus actives qu'en Italie, allant et venant et portant des faix par la ville, conduisant des chevaux, asnes et mulets par les champs, et mesmes les montant à califourchon comme les hommes, et labourant encore à la terre.

Les bastiments sont entièrement à l'Italienne; les toits bas, acroupis et quasi tous plats, desbordants la muraille de deux pieds ; sans frise, ni autre ornement dessous; les fenestres et portes hautes et estroites, et garnies d'un entablement de pierre à l'entour, avec des chassis de papier et de toile, le verre estant fort rare, et le plastre encore plus, n'y en ayant point du tout; de sorte que tout se bastit de mortier et de chaux, dont les maisons sont blanchies par dehors à l'Italienne; et par dedans aussi, n'y aiant autre tapisserie que cela; ni natte, laquelle est incognue entièrement en tous les lieux qu'Ορεστης a vus depuis Paris en çà. Les meubles sont ou de bois ou de cuir; et les lits de toile blanche ou de quelque petite estofe légère de Levant, avec des loudiers ou couvertes piquées de diverses couleurs et feuillages à l'Arabesque. Les portes de la rue s'ouvrent à ceux qui heurtent, des chambres d'en haut sans descendre, par une ficelle qui passe à travers les planchers, et est attachée au pesne ou loquet de la porte, ce qui se pratique partout de Lyon en çà. Tous les planchers sont de charpente fort mignonne et légère, et sont enfoncez d'ais couverts de carreaux. Les montées et escaliers, tout de pierre sans aucun bois.

Les vivres s'apprestent à l'Italienne, avec force espices et sauces extravagantes et de haut goust. Orestes en apprit une entre autres, qui est excellente : faut prendre du mouton cuit et froid, le tailler par morceaux, et mettre autant de bon fromage que de chair; puis faire bouillir le tout ensemble avec du bouillon du pot; et quand il est prest d'estre cuit, destramper des jaunes d'œufs avec du jus d'orange, et verser sur la chair un peu auparavant que de la tirer du feu, car autrement si l'orange bouilloit long temps, elle perdroit entièrement de sa saveur; puis, quand tout est dressé, mettre de la muscade. On fait aussi, comme en Italie, quantité de sauces douces avec des raisins de Chorinte, raisins secs, pruneaux, pommes, poires et sucre; les olives, oranges et capres s'y servent en tout temps et à tous mets. Le beurre y est rare, et tout le poisson s'accommode avec l'huile, tant en fritture qu'en saulse, comme aussi les potages; ce qui n'est pas si mauvais que l'on s'imagine aux païs où il y a du beurre. Ils font aussi des potages avec des pastes, comme en Italie. Ορεστης en mangea à Tolon d'une certaine qui est par petits grains comme du ris, et qui s'enfle fort dans le pot : cela vient de Levant, et l'appellent *courcousson* (1).

Entre les poissons, ceux dont l'on n'a point en France sont : les loups, poisson assez gros et long, un peu rond, variégué sur le dos, et le ventre blanc, retirant un peu au maquereau, mais il a la chair plus molle et plus délicate; aussi est-il de fort dure digestion; le mugeoul; le daulphin, qui est long et a la teste fort grosse, des ursins, ou chastagnes de mer; des datis, *id est dactyli*, qui sont comme des huistres ou moules faites comme le doigt, qui se treuvent dans de grosses pierres qu'il faut casser pour les avoir; et le ton, grand poisson que l'on vend par tronçons, et qui de forme et de goust n'est pas fort différent de nos saulmons : il est plus tendre et de meilleur goust; de ses œufs se font les boutargues, qui n'est autre chose que la masse des œufs en sa forme naturelle, que l'on applatit un peu en les pressant pour les faire desécher; les ayant tenues une nuit en la saumure, l'on les exprime fort, puis l'on les pend à la cheminée; les sardines, les anchois, etc.

---

(1) Ainsi écrit par Bouchard; on dit aujourd'hui *couscous* ou *couscousson*.

Voilà ce qu'Ορεστης remarqua en général de la Provence. Pour le particulier de Tolon, c'est une petite ville qui n'a pas plus de 1500 fœux, mais qui est bien fortifiée et munie d'artillerie; il y a quelques maisons et quelques rues assez belles, principalement la grande qui va au port; il y a deux ou trois places assez grandes, entre autres celle de Saint-Pierre, où Ορεστης estoit logé, là où il y a une belle fontaine. Les habitans sont assez grossiers et rustiques, estans tous ou marchands ou mariniers ou faiseurs de vaisseaux. Outre ce, il y a tousjours quantité d'estrangers passagers; et au temps qu'Ορεστης y estoit, il y avoit cinq mille hommes que le Roy envoyoit aux Vénitiens pour le secours du Duc de Mantoue. La ville s'est aussi fort peuplée et augmentée, depuis le séjour des galères en son port, qui demeurant auparavant en celui de Marseille, furent conduites au retour de Blavet, où on les avoit menées contre Soübize, qui ravageoit pour lors la coste, à Tolon l'an   (1), pour mettre fin aux différends continuels qu'avoient entre eux le général des galères et M. de Guise, gouverneur de Marseille et de toute la Provence. Cela a rempli la ville de gentilhommes, qui

---

(1) La date est laissée en blanc dans le Manuscrit. C'est en 1625 que Benjamin de Rohan, seigneur de Soubise, se disant Amiral des Églises Protestantes, avait attaqué la flotte royale à Blavet, petit port de Bretagne.

suivent le général et commandent sur les galères ; de soldats et officiers de galère, et par conséquent de garces, dont on dit qu'il y a bon nombre à Tolon ; et de forçats qui vont et viennent continuellement par la ville : de sorte que là, depuis le matin jusques au soir, ne se oit autre chose que « *stridor ferri tractæque catenæ* » dont sont accouplez les forçats deux à deux. Ils vont par la ville pour le service des galères et pour vendre ce qu'ils ont fait, comme bourses, cintures, aiguillettes, curedents, et bas de soye, laine, poil de chèvre et fil, qu'ils font fort proprement, et en font grand trafic à Tolon, et vendent la paire un escu, quatre et cinq francs. Ils peuvent mesme aller travailler de leur mestier és boutiques ; et vont par les hostelleries sonnant cornets et violons durant le disner et souper des passants ; et chaque galère a sa semaine par tour pour cela : dont ils ne retirent pas peu, car chasqu'un à la fin du repas, met sur l'assiette que les forçats présentent au milieu de la table, qui un sol, qui trois, qui quatre et qui cinq. C'estoit l'un des principaux divertissements d'Ορεστης à Tolon, de considérer la condition de ces pauvres gens-là, et d'aller les visiter souvent dans les galères, où se voit toute la misère, ordure, saleté, puanteur et infirmité humaine : de sorte qu'il n'y a jour qu'il ne meure là-dedans quelqu'un ; et nonobstant tout cela la plus part des forçats, au moins ceux qui gaignent quelque chose de leur mestier, mainent joyeuse vie, et y en a beaucoup qui ne voudroient pas s'en aller, quand on leur donneroit la liberté, tant l'accoustumance peut sur nos esprits : buvant, jouant, et mesme besognant, ce qu'ils faisoient encore plus facilement lors qu'il estoit permis aux femmes d'entrer dans les galères; car lors non seulement leurs légitimes femmes, que beaucoup de forçats ont amené avec eux à Tolon, mais encore quantité de garces alloient les visiter, que ces compagnons besognoient devant tout le monde, les couchant sous le banc, sur leur capot. Mais depuis quelques années en çà, le général a deffendu l'entrée aux femmes. De sorte qu'il ne se pêche plus maintenant là-dedans qu'en Sodomie, mollesse, irrumation et autres pareilles tendresses; car plus ces gens-là sont chastiez et traitez rudement, plus ils deviennent vicieux et meschants. A les ouïr parler, néantmoins, ils sont tous saints; et disent tous avoir esté envoyez en galère, ou pour s'estre treuvés à une batterie, ou par injustice. Mais la vraie cause pour laquelle la plus part sont là, à ce que disoient les comites, est le vol et larcin; aussi y sont-ils tous si experts, que si l'on ne tient continuellement les mains dans ses poches, l'on est sur de perdre tout ce qui sera dedans, lorsque l'on entre dans une galère.

Outre cela, l'on doit prendre garde, en y entrant, de n'avoir point d'esperons ; car les espaliers vous les ostent incontinent comme les appelans font au Palais. Ορεστης demandant la cause de cela, l'on luy respondit que la galère marche assez viste d'elle-mesme sans esperons ; il y a apparence que c'est pour ce que le passage de la coursée estant assez estroit, et bordé des deux costez de forçats, l'on les pourroit blesser, outre qu'ils sont tous nuds-jambes. Il ne faut jamais aller là-dedans qu'avec quelque officier, car, autrement, les forçats vous font mille niches : entre autres, ils soufflent des cornets pleins de poux sur les habits. Il faut en sortant bailler quelque trois ou quatre sols aux cornets, trompettes et violons qui jouent pendant que vous estes dans le vaisseau, et surtout au forçat qui vous mène aux chambres de pouppe, puis un sol ou deux à l'espalier en sortant.

- Le comite, pour favoriser Ορεστης, fit faire l'exercice (qu'ils appellent), qui est comme une finte navigation. Le comite, ayant une latte en main, du haut de la proue donna le premier coup de sifflet, et

l'instant toute la chorme (1) se dressa en pieds ; au deuxiesme coup, osta le bonnet et le capot ; au troisiesme, la chemise (car, en voguant, ils sont tous

---

(1) Chiourme.

nuds, hors mis les calçons); au quatriesme, s'assit sur le banc; au cinquiesme, mit le pied droit sur la pedagne; au sixiesme, empoigna les rames; au septiesme, les plongea en l'eau toutes ensemble si esgalement qu'il n'y a rien de plus juste; au huitiesme, rehaussa les rames; au neuviesme, se dressa en pieds; au dixiesme, prit en main la chemise; à l'onziesme, la secoua pour en faire choir les poux; au douziesme, la vestit; au treizieme, prit en main le capot; au quatorziesme, le secoua; au quinziesme, le vestit; au seiziesme, prit le bonnet; au dix-septisme, le secoua, et au dix-huitiesme, le mit en teste. Pendant cela, le comite se promeine par la coursie, reguardant si quelqu'un manque, ou feint de tirer, et lors, il le redresse avec son cercle ou latte, ou avec son gourdin, *id est*, une chorde; et ne bat pas seulement celui qui manque, mais encore les quatre autres du mesme banc : pour ce (dit le comite à Ορεστης) que tous ceux d'un banc sont non seulement obligez à tirer chaqu'un à part, mais encore de faire tirer leurs compagnons, ou, s'ils veulent en espargner quelqu'un, il faut qu'ils suppléent à son deffaut, faisant par un nouvel effort eux quatre le mesme effet que tous cinq ensemble. Car le coup de chaque rame doit estre tellement esgal et juste, tant en la force qu'au temps, que si une seule manque tant soit peu, la course du vaisseau en est

retardée, et le comite le recognoist sensiblement.
C'est comme un maistre de chapelle qui bat la mesure
avec son sifflet; avec lequel il fait entendre quand il
faut ramer viste ou lentement, fort ou bellement;
quand il faut tourner à droit ou à gauche, aborder
ou aller en haute mer : bref, ce seul sifflet dit tous
les mystères qui sont nécessaires à la navigation. Il
y en a d'ordinaire deux : le come à la poupe, et
le sous-come à la proue, pour se faire mieux entendre, et chastier les délinquants, dont il y en a
quelque fois de si opiniastres, qu'ils se laissent
escorcher tout le dos plus tost que de tirer. Quand
c'est à quelque rencontre d'importance, l'on ne se
sert pas seulement du baston, mais encore de l'espée,
dont ils avalent le bras à quelqu'un de ces fenéants
opiniastres, puis en battent les autres pour leur donner frayeur et les faire voguer.

Les galères ne sont bonnes que pour la guerre, et
costoyer la terre; car, estant fort longues, elles ne
peuvent aller en haute mer sans grand danger d'estre
renversées par les flots, auxquels elles ne peuvent
obéir comme les vaisseaux ronds et courts. En
France, elles ne servent de rien qu'à consumer de
l'argent, et seront des cinq ou six ans sans se mou-
voir du port; de sorte que les corsaires d'Afrique
viennent poursuivre les vaisseaux jusques dans le
port mesme, sans qu'elles remuent. La plus grande

utilité qu'elles apportent, c'est qu'elles servent comme d'un enfer à tourmenter les meschants : parmi lesquels Orestes vit un archidiacre, gentilhomme de bonne maison, qui estoit là pour avoir donné un soufflet à son Evesque ; il ne voguoit point et estoit vestu de violet. Il vit aussi le fils d'un Président de Tolose, et un excellent maistre joueur de lut de Paris, qui ne voguoient pas non plus.

Ορεστης ayant enfin rencontré un honneste homme de comite, qui prenoit plaisir à l'instruire de la structure et de la police des galères, il en fit le recueil qui suit :

LA GALÈRE

La pouppe

La parteguette.........	C'est une petite perche traversante tout au haut de la pouppe, qui sert à lever l'estendeau.
La flesche	C'est une assez grosse pièce de bois qui s'estend tout le long de la pouppe, et est aussi eslevée que le haut de la tente; elle sert à poser l'estendeau.
Le grand escusson du roi..	Il est au bout de la flesche.
Les deux petits escussons..	Ils sont aux deux costez.
Le couronnement de la pouppe.	
Les estanailles.	
Les panneaux.	
Les gigantes...........	Ce sont deux pièces de bois qui soustiennent la courbure de la pouppe, lesquelles sont d'ordinaire taillées en géante.

Le grand bandin.

Le petit bandinet.

Le petit bandinet de fer.

L'ourgeau	C'est le manche du gouvernail.
Paranchinet.	Sont deux chordes entortillées qui tiennent le bout du manche droit.
Le timon.	C'est un grand ais qui sert de gouvernail.
Les chaisnes du timon	Elles sont attachées au haut de la pouppe et au bas du timon, à demi-pied d'eau.
Les soufres.	Ce sont deux chordes qui ont mesme situation que les chaisnes.
La brague	Grosse chorde qui passe par dessus le timon environ le milieu, et est attachée des deux bouts au corps du vaisseau.
L'estendeau d'herbage	C'est la couverture de la pouppe, qui est faite d'une grosse estoffe de laine nommée herbage.

L'estendeau d'escarlatte, avec ses franges.

Estendeaux de coutounine blanc et bleu.

Estendeaux de garites, avec ses portières rouges..... C'est pour boucher les ouvertures par où le vent pourroit entrer.

Le taulad de pouppe...... C'est le plancher de la pouppe, qui est au niveau de la coursie : le capitaine mange là et les officiers et gens de qualité se tiennent là le jour.

Chambres.

Le gavon .... C'est la première chambre de la pouppe, qui est fort petite et sert de garde-robbe.

La chambre de pouppe.... Pour le capitaine.

(Ici finit la pouppe.)

L'escandoulat.......... La sommellerie.
Le petit escandoulat (1)... La garderobe.
La compagne.......... Pour les vivres.
Le paillaud .... Pour le biscuit.
La chambre de mieje..... Pour le comite.

---

(1) L'on va dans ces quatre chambres par une mesme montée qui est à la pouppe. *(Note de l'Auteur.)*

La chambre de proue (1)...	Pour les gumes (ce sont cordes).
Les cantanettes	Ce sont les fenestres des chambres.

Le dessous.

Sous-couverte.	C'est le dessous des chambres.
Les madiers.	Ce sont des chevrons courbez, qui sont attachez à la carène, et qui font le fond et les costez du vaisseau ; sur lesquels sont clouez les ais de dehors.
La carène	C'est une grosse pièce de bois de rouvre (*robur*), qui règne tout du long du vaisseau et sert de fondement.

Le dessus des chambres.

La couverte de dessus.	
La coursie	C'est un long corridor, large environ deux pieds, qui va de la pouppe à la proue par le milieu des bancs : c'est le passage d'un bout à l'autre de la

---

(1) Ces quatre autres ont chasqu'une leur montée. (*Note de l'Auteur.*)

	galère. Il est creux et sert à enfermer le maistre arbre, et, vers la proue, à serrer le canon de proue.
Les bancs	Sont aux deux costez de la coursie et servent de siège aux forçats. Il y en a vingt-six au costé droit, et au costé gauche vingt-cinq seulement, pour ce que le fougon, ou cuisine, occupe la place du neuviesme banc.
Les cuirs pour couvrir les bancs.	
Les pedagnes	Autant que de bancs ; c'est une grosse pièce de bois, sur laquelle les forçats mettent un pied en voguant.
Les banquettes	Autant, pour poser les pieds des forçats.
Les potences.	Qui soustiennent les bancs.
Les petites potences	Qui soustiennent les pedagnes.

Les costez.

Les joues de la galère	C'est le devant de ces deux éminences qui sortent du corps du vaisseau comme

	deux ailes, environ deux pieds de large.
L'escale...............	Par où l'on monte de l'esquif dans la galère; elle pend de la joue.
L'espale...............	C'est l'entrée de la galère; d'où est appelé le forçat prochain de cette entrée l'espalier.
La chorde	C'est une pièce de bois qui règne tout autour de la galère; laquelle porte les potences.
La tapière	C'est une autre pièce de bois que l'on voit par dehors aux costez de la galère, lesquels costez advancent hors du corps comme deux ailes; elle sert à soustenir le bacalas.
Le coussinet...........	C'est une autre pièce de bois qui est au-dessus de la tapière, et passe au travers du bacalas.
Le bacalas	C'est des chevrons longs environ d'un pied, qui soustiennent la poustie; ils sont à jour, et les forçats vident leur ordure par certains, et enfoncent le reste de paille.

La poustie, ou poustice...	C'est le bord de la galère, sur lequel portent les rames.
L'escaume............	C'est une cheville implantée dans la poustie, à laquelle la rame est attachée.
L'estrope.............	Chorde qui lie la rame à l'escaume.
Galavernes...........	Ce sont deux pièces de bois assez larges, qui sont attachées aux rames mesmes, et servent à empescher qu'en voguant, la rame, qui est ronde, ne tourne.
Les rames............	Elles ont (1) pieds de long.
	Autant que de bancs, vingt-six à droit et vingt-cinq à gauche. Elles sont divisées en ce qui sort de hors la galère, ce qui est divisé encore en deux,
	en
L'haste,.............	qui est le haut,
	et en
La palle,............	qui est le bas, et le large de l'arme qui frappe l'eau.

---

(1) Laissé en blanc dans le Manuscrit.

	Ce qui est dans la galère s'appelle
Le genouil,	et est divisé en
Mantenant,............	qui est le bout amenuisé et sert de manche au premier forçat. Au dessoubs, d'ordinaire, il y a une lame de plomb, pour faire le contrepoids.
Manilles	Ce sont de petites ances attachées à la rame, par où les forçats tiennent la rame. Il y en a quatre.
Les batailloûlettes de fer ..	Ce sont de petits balustres longs environ d'un pied et larges de l'espace d'un banc à l'autre, qui portent le fileret d'embus ; il y en a autant que de bancs.
Le fileret.............	C'est une pièce de bois qui va tout autour de la galère.
Batailloles de bois, avec les chapons de fer.........	Seize, pour soustenir le fileret d'en haut ; trente-deux de chasque costé pour joindre les batailloles avec le fileret.
Le fileret d'en haut	Une pièce de bois qui sert à soustenir le bas de la tente.

Douze paires de cabres....	Ce sont chevrons qui se croisent par le bout d'en haut, et par en bas ont une chorde attachée avec un anneau de fer, laquelle est longue de trois brasses et s'appelle
La coeve.	
	Ces cabres se lèvent et se baissent comme l'on veut, et servent à porter la tente.
Le migeanin	C'est une chorde qui règne tout en haut des cabres, et sert à tenir le haut de la tente esgal, et en forme de creste.
La tente de canevas avec ses gourdins..........	C'est la tente de dans la galère, gourdins sont chordes moyennes.
La tente d'herbage	C'est la tente de dehors, qui est faite de cette grosse laine ainsi nommée.
La proue.............	C'est la partie que l'on tourne contre l'ennemi, et est armée de cinq canons.
L'esperon.............	C'est le bec.
Les pavessades de chorde..	C'est une palissade faite de

	grosses chordes jointes l'une près l'autre, que l'on met à la proue lorsqu'on se bat, pour parer les coups de mousquet.
Les pavessades de cordillat rouge, ...	que l'on met par dessus celles de chorde en proue, et aussi tout autour de la galère, tant pour ornement que pour mettre à couvert les forçats.
Les batailloles de rambade avec ses filerets.	C'est ce qui porte ces pavessades.
La rambade	C'est la plate-forme de la proue, le lieu le plus relevé de la galère, sur quoi l'on se promène.

Les arbres.

Arbre de trinquet	C'est celui qui est à la proue, et demeure tousjours là droit.
Quatre sartes de chasque costé	Ce sont des chordes qui sont attachées au haut du mas d'un bout, et de l'autre à la poustie, et servent à tenir l'arbre droit et ferme.

Les cadènes des sartes, quatre de chasque costé......	C'est ce qui attache les sartes au bord de la galère.
L'arbre de la maistre..... avec	C'est un arbre que l'on met en voyage au milieu de la galère, et lors l'on oste la tente.
Son antenne...........	C'est une grosse et longue pièce de bois qui va en croix sur l'arbre, à laquelle la voile est attachée, et que l'on lève en haut quand l'on veut faire voile.
Ses six sartes de chasque costé; sept cadènes pour chasque costé et sept garches..............	Ce sont crocs sur la poustie, où l'on attache les cadènes des sartes.
Ses carneaux..........	C'est une chorde qui va du bout du mas en biais au bout de l'antenne.
Son estrop.	
Ses massaprets.........	C'est un morceau de bois qui tient au gousset, dans lequel sont les poulies.
Son gousset...........	C'est un morceau de bois tout au haut de l'arbre.

L'essaman............	Une grosse chorde qui soustient l'antenne.
Les bragots de l'hoste....	Ce sont chordes; et l'hoste est une chorde.
Les orsepoupes de maistre avec les massaprets.....	Une chorde qui va au long de la galère, qui sert quand l'on veut faire voile de la maistre.
Duvette de prode .... avec	Une chorde ayant 8 brasses de long, pour arborer le maistre.
Ses tailles............	Ce sont pièces de bois, l'une de quatre yeux, l'autre de deux; yeux sont trous.

Voiles.

Le marabou...........	C'est la grande voile du maistre.
Le maraboutin.........	C'est une petite voile du maistre.
Le trinquet...........	La voile du trinquet.
La meizane...........	Autre voile du trinquet.

Banderolles.

Deux gaillardets à chasque arbre, l'un de taffetas et l'autre de serget. A celui

de la maistre sont les armoiries du Roi, et à celui du triquet celles du capitaine..............	Ce sont petites banderolles.
Seize bandières de chasque costé, et une en pouppe avec sa flamme.	L'on les met sur la poustice lorsque les galères vont en parade. A celle de pouppe sont les armoiries du général.
	Flamme, ce sont banderolles longues.

Les utencilles et meubles.

Six peirolles ou oulles....	Ce sont marmittes.
Quatre douzaines de plats.	
Autant d'assiettes.	
Une douzaine de cuilliers d'argent et une esgaire, et un bassin de mesme pour servir à la pouppe.	
Un parafum............	Qui se met au quatrième banc pour empescher que la fumée du fougon ne vienne à la pouppe.
Quatre fers, et leurs gumes.	Fers, ce sont ancres qui ont quatre branches; et ce que l'on appelle proprement ancres n'a que deux branches.

Un escandail..........	C'est une chorde avec un plomb au bout, pour sonder les fonds.
Douze trompettes, huit hautbois...............	Dont on fait apprendre à jouer aux forçats. Ils font des concerts avec ces intruments, principalement avec les cornets et hautbois, qui sont parfaitement agréables à ouïr le soir sur l'eau.
La réale a aussi des violons.	
Deux cents capots, d'herbage, et autant de casaques rouges doublées de toile allant jusques aux genoux, et autant de bonnets rouges, pour les forçats.	
Quatre cents chemises, et autant de calçons, pour ce que chaque forçat a deux chemises et deux calçons.	
Vingt-six brancards, d'un costé, et vingt-cinq de l'autre..............	Ce sont chaisnes de fer, pesant chasqu'une un quintal ; et ont chasqu'une une branche et cinq ma-

avec	nilles au bout, que l'on met à la cheville du pied du forçat.
Manilles	C'est un cercle de fer large d'un pouce, que l'on met au pied du forçat, et se vient rejoindre par les deux bouts par où l'on passe une cheville de fer que l'on rive.
Ses anneaux et ses ponchons.	Chaque brancade a un anneau et un ponchon, que l'on fiche à force de marteau dans la chorde.
Douze chaussettes	Ce sont des chaisnes séparées qui servent à faire des couples de forçats qui vont enchaisnez deux à deux par la ville pour les nécessitez de la galère. Chasque chaussette a un anneau au milieu avec son ponchon, dont l'on rattache à la chorde les forçats le soir quand ils sont retournez.

Officiers et leurs gages.

Le capitaine............	Il a neuf mille escus, sur quoi il entretient la galère.

Son lieutenant..........	A de gages, deux mille livres.
Le come, ou comite......	C'est luy qui commande à toute la chorme et aux voiles. Il chastie les forçats avec un gourdin (c'est une chorde grosse comme le doigt) ou avec un cercle (c'est comme une latte); il fait tous les commandements avec un sifflet. Il a neuf escus par mois.
L'escrivain............	C'est luy qui fait la provision et la dépense. Il a douze escus par mois.
Le sous-come..........	A six escus par mois.
L'argousin............	Il a en sa charge toute la chorme, la fait enchaisner et deschaisner. A six escus par mois.
Le sous-argousin........	Il visite les fers des forçats trois fois la nuit. A' quatre escus.
Le moussi de l'argousin...	C'est lui qui déferre et referre les forçats. A trois escus.
Douze compagnons......	Qui servent à faire la garde la nuit, et à conduire les forçats qui vont par la ville, lesquels leur donnent

	quelque chose quand c'est pour leurs affaires qu'ils sortent. Chasqu'un une pistole par mois.
Cinquante soldats.......	Un à chasque banc, auprès le dernier forçat. Chasqu'un a trois escus par mois.
Quatre corporaux.	
Quatre canonniers.	
Un pilote.............	A dix escus.
Vingt mariniers.........	Chasqu'un quatre escus.
Quatre timoniers........	Chasqu'un six escus.
Quatre conseillers.......	Quand il survient quelque tempeste.
Quatre codegardes.......	Qui servent sous les timoniers. Chasqu'un a cinq escus par mois.
Un remolat...........	Qui fait les rames. A six escus.
Un barillat...........	Pour raccommoder les barils.
Un barbier...........	A six escus.
Son barberot.	
Un prestre.............	A quatre escus par mois. — Tous les dimanches et festes il dit la messe sur le port, sous une tente de

drap ou soye rouge, les forçats respondants de la galère avec instruments ; car jamais l'on ne chante messe sur mer, et l'on la dit seulement une fois dans chaque galère avant que de la mettre en mer. — Il va tous les soirs, au soleil couchant, chanter les litanies, lesquelles estant finies, tous les forçats jettent un cri espouvantable, qui ressemble au hurlement de chiens et rugissement de lions.

La chorme.

Il doit y avoir à chasque galère deux cent soixante forçats : deux cent cinquante pour la vogue (cinq à chasque rame), et dix pour les chambres. D'ordinaire, il n'y en a que deux cents.

Le vogue-avant.........	C'est le forçat qui tient le bout de la rame ; il doit estre le plus fort de tous.
Son apostice...........	C'est celui qui tient la première manille.

Le tercero.

Quartero.

Cague rageole.......... C'est le dernier qui est le plus chétif.

Les espaliers........... Sont les forçats de la première rame, à cause qu'ils sont à l'espale.

Les conilliers .... Ce sont les forçats du dernier banc, qui servent à bailler fonte : c'est-à-dire mouiller l'ancre.

Les forçats ont chaque jour trente-six onces de biscuit, et leur soul d'eau ; permis à eux de travailler du mestier qu'ils sçavent, soit dans la galère, soit dehors, et l'argent qu'ils gagnent est pour eux. Quand ils sortent, ils sont enchaisnez deux à deux, et ont un garde, hors mis les Turcs, que l'on laisse aller seuls, et souvent sans garde, pour ce qu'ils ne peuvent s'enfuir, à cause qu'ils n'ont aucune cognoissance dans le païs.

Chasque forçat a tous les ans un capot, une casaque,

un bonnet, deux chemises et deux calçons.

L'on les rase cheveux et barbe, hormis les moustaches.

Quand ils viennent en galère, l'on les fait entrer par la pouppe, et quand ils meurent, l'on les fait sortir par la proue, les pieds devant ; où l'on les expose une heure ou deux sur la rambade, puis l'on les dévalle dans un caïque, ou esquif, d'où quatre forçats les portent en terre, accompagnez de prestres, et les trompettes de la galère sonnants fort tristement.

Treize galères en France, qui portent toutes le nom de leur capitaine, encores qu'elles en ayent un particulier qu'on leur a donné au baptême.

La réale est la première, et est plus grande que les autres, ayant vingt-huit rames de chasque costé, et

Une galère couste à faire quatorze ou quinze mille escus.

L'on baptise les galères et l'on dit la messe dedans devant que de les mettre en mer.

Elle a aussi le privilège, quand il vient une nouvelle chaisne de galériens, de choisir et se pourvoir à chaque rame six forçats; et a dix-huit mille escus par an pour son entretien : qui est le double des autres.

Les officiers, pour ces treize galères en général, sont :

Le général des galères,

Le lieutenant,

Sous-lieutenant,

la première, et ses forçats sont beaucoup mieux entretenus que les autres.

Quatre commissaires,
Deux clercs de commissaires,
} Qui visitent les galères, distribuent les forçats, et leur donnent la liberté en leur temps, encore que bien souvent ils l'allongent, quand ce sont pauvres gents, et l'accourcissent, quand ils ont de l'argent.

Quatre trésoriers,

Un médecin,

Un apothicaire.

LE NAVIRE

La carène............	Une longue pièce de bois qui sert de fondement.
La rode de proue et de pouppe............	C'est deux pièces de bois qui se mettent toutes droites aux deux bouts de la carène.
Les madiers..........	Ce sont des chevrons qui sont fichez dans la carène et font le plan du vaisseau.
Les estamenaires.......	C'est la courbure des madiers qui fait les costes.
Le cairat............	C'est la première cinture.
Quatre cinges.........	Ce sont les autres cintures.
Les escamaudes	C'est des petites pièces de bois qui sont attachées aux estamenaires pour les allonger.
Les rombaux	Ce sont les ais qui ferment la barque par dehors, clouez aux madiers; il y en a quatre au pan.

La sole..............	C'est le bord de la barque.
L'estive..............	C'est le ventre, où se mettent les marchandises.
Le pontau............	C'est une ouverture vers l'arbre de la maistre, par où l'on descend dans l'estive. Il y en a trois : l'une, la susdite ; l'autre pour tirer l'eau de la sentine, et l'autre pour aller à la campagne.
Les lattes de la couverte et ses rombaux.........	C'est des chevrons qui font le plancher d'en haut de l'estive.
La couverte...........	C'est le dessus de toute la barque, sur quoy les mariniers vont et viennent.

Pouppe.

Les estanailles.........	C'est comme une arcade qui est au-dessus de la pouppe.
Le timon.............	C'est un ais qui descend par dehors tout le long de la pouppe jusques dans l'eau, et sert à gouverner la barque.
L'ourgeau.............	C'est un baston qui est attaché au haut du timon, et avance dans le vaisseau ;

	et sert de manche au patron pour gouverner le timon.
La compagne	Une chambre basse à la pouppe pour mettre le biscuit.
La chambre pour le patron.	C'est un petit parquet sur la couverte de la compagne, où couche le patron.
La gigeole............	C'est une petite armoire, où il y a la boussole au fond, et la lampe au-dessus, que l'on allume la nuit, quand l'on marche.

Proue.

L'esperon avec le bataillot .	C'est un long bec.
Les forçats de la proue . . .	Ce sont deux chevrons qui soustiennent par dehors.
La cadène, avec deux bittes .	C'est une pièce de bois qui est au travers du vaisseau, à la proue.

Arbres.

L'arbre du trinquet	Arbre de la proue.
et	
L'antenne	Ce sont deux grandes pièces de bois liées bout à bout, où sont attachées les voiles

	par en haut, que l'on lève au haut de l'arbre, quand l'on fait voile.
L'arbre de maistre, et son antenne............	C'est celui qui est au milieu du vaisseau.
L'arbre de meizane, et son antenne............	C'est celui qui est à la pouppe.
Les couillons de l'antenne..	Ce sont deux petits morceaux de bois qui sont clouez au milieu de l'antenne à deux doigts l'un de l'autre, et tiennent le bragot, qu'il ne glisse ni d'un costé ni de l'autre.
Les bragots...........	Ce sont grosses chordes longues environ de deux pieds, et qui sont doubles, faites comme un 8 de chiffre. L'on passe l'antenne dans le trou d'en bas, et à celui d'en haut s'attache le saman, qui est la chorde qui suspend l'antenne à l'arbre.
Les trosses............	Ce sont trois ou quatre cercles de chordes ensemble, où il y a de grosses patenostres de bois enfilées. Ces cercles sont attachez par un costé au milieu des

	bragots, puis sont passez dans l'arbre. Ils servent à serrer l'antenne proche de l'arbre, afin que le vent ne le fasse voltiger çà et là ; et les patenostres facilitent quand l'on baisse ou l'on hausse l'antenne, parce que roulant elles font que les trosses glissent mieux le long de l'arbre.
Le penon du trec.......	C'est une petite antenne toute d'une pièce, que l'on met avec une petite voile, lorsqu'il y a tempeste ; et lors l'on baisse toutes les autres antennes.
L'angireau............	C'est la chorde pour hisser le penon du trec.
L'essaman, avec les floncs..	Grosse chorde pour hisser l'antenne de maistre ;— floncs, sont moyennes chordes.
La mantille	Pour hisser l'antenne de gabbie.
La gabbie	C'est comme un grand cophin rond, qui est un peu plus haut qu'à la moitié de l'arbre. Là monte un homme pour faire la sentinelle ou la découverte.

La civadière............	C'est une petite voile qui se met sous l'esperon.
Les voiles de maistre, trinquet, meizane, gabbie ...	Elles sont faites moitié de cotton et moitié de chanvre. Il y en a de deux sortes : les quarrées, et les voiles latines, qui sont triangulaires ; elles font faire plus de chemin que les quarrées, pour ce que le large de la voile estant en bas, tout le vent descend et pousse le vaisseau avec plus de force que s'il le chassoit par le milieu ou par le haut de l'arbre. A ces voiles latines, il faut que l'antenne soit en croix de Saint André avec l'arbre, à cause de la pointe de la voile par en haut et de sa largeur en bas.
Les batafious	Sont chordes qui lient le voile à l'antenne par en haut ; et il y en a un à chasque lé du voile.
Les joncs.............	Lorsque l'on ploye le voile à l'antenne, l'on le lie avec des joncs seulement, affin

que, quand l'on veut faire voile et que l'on a haussé l'antenne, l'on n'aye qu'à tirer l'escote qui tient à la corne de la voile; et en tirant, tous ces joncs se rompent et laissent déployer la voile.

L'escote.............. C'est la chorde qui attache la troisiesme corne de la voile au bord du vaisseau à la pouppe, proche du patron. Les Latins l'appellent *pedem*.

L'hoste .... C'est une chorde qui tient au haut bout de l'antenne, et est attachée en bas auprès l'escote; c'est pour empescher que l'antenne ne tourne en arrière.

Les orses pouppes....... C'est une chorde qui est attachée au bas bout de l'antenne, et vient se rendre à la pouppe proche le patron, mais de l'autre costé que l'hoste et l'escote. Avec ces trois chordes le patron gouverne le vaisseau, comme on ferait avec la bride un cheval.

Les orses d'avant........ C'est une chorde qui est

	attachée au bas bout de l'antenne, et qui va vers la proue de l'autre costé que l'orse pouppe. Cela sert à empescher que l'antenne ne tourne vers la pouppe, comme l'orse pouppe empesche qu'elle ne tourne vers la proue.
Les senaux, ou sartes.....	Chordes qui tiennent de chasque costé l'arbre de maistre; elles sont attachées d'un bout au haut bout de l'arbre, et de l'autre au bord du vaisseau. Le nocher d'ordinaire la gouverne.
Les guinsaneaux, avec ses bragots............	Ce sont petits morceaux de bois longs de cinq ou six pouces, qui sont liés au bout de ces bragots, lesquels sont attachez au bord de la barque. Ces guinsaneaux servent à attacher les senaux.
Les massaprets.........	Sont simples poulies.
Les tailles............	C'est un gros billot de bois qui a trois yeux (c'est-à-dire trous) dans lesquels se passent les vètes, qui

	s'attachent aux senaux (vètes sont petites chordes d'herbe).
Le coussé............	Sont trois poulies qui sont au haut de l'arbre de maistre, par où passe l'essaman.
Les ancres, et leurs gumes.	Ce sont gros chables.
L'organel............	C'est une longue pièce de bois courbe, au bout de laquelle il y a une poulie. L'on le met sur la pouppe de l'esquif, et l'on met la gume dessus la poulie, puis l'on tire l'ancre dans l'esquif à force de bras.
Le bouillaud..........	C'est un petit seau de bois, qui sert à tirer l'eau de la sentine.
L'esgoutad...........	C'est une petite pelle creuse qui a le manche fort court, et sert à vider l'eau croupie de l'esquif.

Mariniers.

Le patron............	C'est celui qui commande, et à qui le navire appartient d'ordinaire.
Le nochier...........	A soin d'ormeger la barque :

	prendre port, jetter les ancres, plier les voiles, etc.
Le pilotte.............	Pour donner le chemin quand l'on part du port.
L'escrivain	Pour tenir rolle de toute la marchandise et de la despence.
Le gardian............	Pour faire essuier les voiles, les chordes, et faire tenir en ordre le vaisseau.
Et les mariniers.........	Pour le reste du service.

Lorsque l'on veut démarrer, l'on tire premièrement les ancres à force de bras affin de les esbranler, puis l'on envoye l'esquif au lieu où est l'ancre ; ce qui se cognoist par un morceau de liège ou de bois qui nage au dessus, qui s'appelle en Italie *il gavitello ;* et avec l'organel l'on tire l'ancre dans l'esquif, puis l'on la porte au vaisseau, où l'on la tire quelquefois dedans, mais le plus souvent l'on les attache par dehors aux costez de la proue. Après, l'on tire l'esquif dans le vaisseau, et l'on le met entre le pontau et la chambre du patron qui est à la pouppe. Puis, l'on lève au haut de l'arbre l'antenne, à laquelle est attachée la voile, et ploiée et liée avec des joncs : lesquels se rompant lorsque l'on tire la voile en bas avec l'escote, la voile se desploie, laquelle s'attache après en bas au bord du vaisseau avec l'escote ; et le vent enflant la voile, l'on part. Et l'on va à droit ou à gauche, selon que le patron tourne le timon, et lasche ou tire l'escote : car au maniment de ces deux pièces gist tout le secret de l'art de naviguer : la boussole que le patron a devant lui servant de règle pour les déclinations qu'il faut faire à droit ou à gauche : ce qui estant rapporté sur la carte, et mesurant avec le compas par les lignes des vents, l'on voit les distances des lieux.

Or, lorsque la nuit arrive, et qu'il faut cheminer outre sans prendre port, l'un des mariniers prend un capot, met le froc du capot en teste, allume la lanterne, et la tient sous son capot, puis se met au pied de l'arbre maistre, à genoux, comme aussi font tous les autres tant passagers que mariniers, qui çà et qui là, puis chante cette oraison d'une voix très lugubre et espouvantable :

Laudato sia lo nome de lo bon Giesu!

par trois fois ; les autres respondent de mesme.

Christe nous mande que bon voyage et bon passage gagne salvament.

Resp. *Christe nous mande, amen.*

Vous autres, signeurs marinari, fariens prière à Dieu, monseigne Saint Giulian, corpi Sainte Marte, nostri confessori, que Dieu nous traite et nous condugue à leur melieure, à leur salvamente de la nau, et de la marcansi, et de vous autres, sieurs marinari, que la meine et que la guide.

Et vous autres, signeurs marinari, fariens priguière à Dieu et à Madone Sainte Marthe, che nous salve la nauf et la barque, et le genti tutti quanti.

Et vous autres, seigneurs marinari, fariens priguière à Dieu et à Madone Sainte Hélène, que Dieu nous salve l'aubre et l'antenne, la vele che va con elle, la megeane con la pene, lou trinquet con lou penon, et l'ourgeau con lou timon. Escoute, escoutille bras et mantille, lasque si la bouline, sarti, soubreventi, et soutteventi, semper sie ben tesade, sentine agoutade, murade espongade sempre si revesitade, la mar bonasse, largue si lou vent. Christe nous mande un bon port soutto-vent queste voyage et l'autre que farem, si Dieu voule.

Resp. *Amen.*

Ave Maria per nave.

Resp. *Si la ben vegude.*

Bon voyage fasi qui la salude.

Resp. *Amen.*

Dieu vous mande la bonne sere, mesi lou Patron, mesi lou nochier, mesi l'escrivan, et mesi lou guardian, et toutti quanti la voustre valenti compagnie da pouppe à proe, première gardi passe à pouppe. Christe nous mande lou vent en pouppe, este voyage et l'autre que farem, si Dieu voule.

Resp. *Amen.*

Après, le patron se lève et vient dire bonsoir à tous en particulier, puis l'on chante les litanies de la Vierge ; après, l'on esteint toutes les chandelles, fors la lampe que l'on met dans l'armoire de pouppe au dessus de la boussole. Après, chasque marinier fait la garde au timon deux heures durant, qu'il mesure avec un horloge de sable ; et cependant les autres dorment à la proue dans leurs capots (car ils ne se mettent sur les trapontins que quand l'on est au port), et quelquefois, quand la mer est grosse, il y a un autre marinier qui fait la garde à la proue.

Lorsque l'on arrive au port, faut baisser les antennes sitost que l'on a tiré de la forteresse le premier coup de canon : autrement l'on tireroit sur le vaisseau. Après, l'on laisse couler les ancres à fond, puis l'on descend l'esquif en mer, et l'on va demander licence de prendre terre ; et si c'est en temps de peste, l'on va monstrer ses patentes de santé, et demander congé de prendre de l'eau et rafraichissements. D'ordinaire, faut donner quelque chose pour l'ancorage, *verbi gratia,* demie pistolle. Après, l'on met la tente sur le penon, qui est cette petite antenne que l'on met en tempeste, et qui en autre temps est sur les estanailles de la pouppe, et de l'autre bout est attachée à l'arbre de la maistre. Dessous cette tente l'on menge, et les mariniers y dorment dans leurs licts, qui consistent en une petite natte de jonc, puis au-dessus le trapontin ou matelas, puis le drap, et la couverte. Quelques-uns ont au-dessus du trapontin une peau de mouton fort velue. Les passagers couchent dans l'estive.

Quand l'on est descendu en terre, il n'y a gens plus insolens, plus desbauchez, ni plus grands jureurs que les mariniers ; et sur mer, principalement en mauvais temps, ils sont humbles, priants Dieu continuellement ; et si superstitieux qu'ils ne veulent pas seulement ouïr dire la moindre gaillardise, ni pas mesme rire, ni surtout nommer par leur nom les choses qu'ils craignent le plus, comme mort, corsaires, tempeste.

Ils ont quelques termes particuliers, dont voici les principaux :

Donner fonds	Jetter l'ancre.
Ormeger	Prendre port.
Orse	C'est aller contre vent.
Pougge	Sotto-vent.
Charguer.	Bander.
Amoller.	Lascher.
Isser.	Hausser.
Casse	C'est une exclamation que les mariniers font pour se

	donner courage, lorsqu'ils font quelque effort à tirer, ou isser.
Galion..............	C'est un vaisseau de guerre, le plus grand.
Pattache............	Autre vaisseau de guerre, qui est un demi-galion.
Navires.............	Qui portent les munitions à la guerre et ont trois gabbies.
Un vaisseau.........	A trois arbres et trois voiles l'une sur l'autre, au maistre et au trinquet.
Polacre.............	A trois arbres, trois voiles quarrées à la maistre, et au trinquet et meizane, une voile latine, ou triangulaire.
Barque.............	Trois arbres et trois voiles latines.
Tartane.............	Deux arbres et deux voiles latines.

Tout ceci ne se ser que de voiles seulement, et tiennent tout au plus quatre rames pour tourner le vaisseau, ou gaigner terre, lorsqu'il y a grande bonasse. Les suivants vont à rames et à voiles :

Galère.........	Elle a vingt-cinq bancs de chasque costé.

Galeotte	A vingt-trois.
Brigantin.............	C'est une demie galère, qui a une coursie, proue et pouppe. Elle a seize bancs.
Frégate..............	A une coursie, mais point de pouppe ni proue. Elle a neuf.
Falouppe.............	Plus petite, qui n'a ni coursie, ni proue ni pouppe. Elle a cinq bancs.
Caïque	C'est l'esquif de la galère. Il a sept rames.

Le port où sont ces galères est parfaitement beau, et ample, mesme plus que celui de Marseille. Il est clos d'un gros mur, fondé sur pilotis, où, au haut, il y a un corridor sur lequel on ne peut se promener tout autour du port. Il va en hémicycle, et au milieu y a une large ouverture pour le passage des vaisseaux, qui se bouche la nuit avec une grosse chaisne de fer, soustenue d'espace en espace sur de grosses pièces de bois qui flottent sur l'eau. C'est là le port artificiel, qui est justement fait comme un théatre, dont le mole ou quay, tout le long duquel s'estend la ville, représente la scène, qui paroist ornée du costé du Midi de quantité d'oliviers extraordinairement gros ; et au Levant de rochers infiniment hauts et stériles qui entourent tout le derrière de la ville ; laquelle se treuve enfermée entre la mer et ces montagnes comme dans un cercle parfait, que font les murs et fortifications par derrière, et le port par devant, dont les deux bouts vont joindre auxdites fortifications.

Mais le port naturel est infiniment plus grand que ce premier, et les Tolonois prétendent qu'il soit le plus ample, le plus beau, et le plus seur de tous ceux de l'Europe, pour ne pas dire de tout le monde. C'est une espace immense d'eau entourée de hautes montagnes, dont l'embouchure, qui est assez estroite, regarde vers le midi ; et y a en cet endroit une grosse tour ronde, d'où l'on recognoist tous les vaisseaux qui entrent. L'on dit que jamais vaisseau ne périt en ce port, tout le fond estant de vase sans aucun rocher, et ces hautes montagnes le deffendant des vents. Au costé du port, entre la tour et la ville, il y a des salines, où Orestes vit de grosses montagnes de sel, qui demeurent là tout l'an résistant à la pluye. Un de Tolon luy apprit un secret pour les faire fondre incontinent, assurant qu'en mettant une rave au haut de l'un de ces monceaux, elle fera un trou qui pénétrera jusques au bas et s'élargira tant qu'il restera un grain de sel entier.

Tolon, en vieille langue Angloise, signifie une harpe, comme dit un jour, en passant par ce païs, un viel docteur Anglais au Sr de Peiresc : lequel Sr de Peiresc adjoute qu'il y a une montagne proche de Tolon qui se nomme *Cythareus*, ou *Cytharistes*, dont P. Mela fait mention *in Gallia Narbonensi*, et Antoninus *in Itinerario;* mais il le fait différent de Tolon, le nommant comme un autre lieu distant de Tolon de   (1). Voyez P. Masson en sa *Notitia episcopatuum Galliæ*, où il dit que « *Telo Martius, civis Romanus, huc coloniam duxit,* » et qu'il y a une vieille inscription à Aix qui fait mention de *portus Tolossensis*, qu'il croit estre Toulon. Quoy qu'il en

---

(1) Laissé en blanc dans le Manuscrit.

soit, il y a apparence que Toulon a emprunté son nom de ce Telo Martius : qui s'appelle pour ce chez les bons autheurs, *Telo* et *Telenum*.

Voilà à quoy Ορεστης employa la plus part du temps qu'il fut à Tolon ; le reste se passant à aller matin et soir sur le port voir si le vent se changeroit. Et, par cette incertitude, il ne put ni aller à la Ste-Baume, qu'il avoit fort envie de voir, ni mener ses Italiens à M. de Peiresc qui l'en prioit instamment par lettres, et ne put mesme sortir les murs de la ville que deux fois. L'une, il fut à un lieu le plus délicieux du monde, où l'on joue au mail, quoy que ce soit un grand chemin, assez raboteux et inégal, mais qui est couvert des plus beaux et plus gros oliviers qu'il aye jamais vu, y en aiant qui surpassent mesme des chesnes. L'autre lieu où il fut est à demie lieue de la ville, à la source et origine d'un assez gros ruisseau, et de toutes les eaux de la ville ; cela s'appelle la source St-Antoine. C'est une grosse roche creuse et fort spacieuse où l'on va dedans ; dessus il y a un hermitage.

Du depuis, la peste ayant paru à un petit village assez voisin nommé Cures, M. de Soliers, gouverneur, deffendit qu'on laissast plus sortir des portes les estrangers. Et la crainte estoit d'autant plus grande dans Tolon, que, durant la grande peste des années précédentes, elle estoit presque la seule ville de toute la Provence qui s'estoit garantie de ce mal; ce qu'ils attribuoient à la pureté et bonté de l'air. Que si l'on eust descouvert les deux clous dont Ορεστης fut fort tourmenté environ ce temps-là, sans qu'il y ausast apporter remède de peur que l'on le sceust, il couroit danger d'estre arquebusé, ou bien de faire une horrible quarantaine.

Il fut aussi fort malade par deux fois pour avoir trop mangé de ce poisson nommé *loup* (1), qui luy causa grand mal de teste, d'estomach, et de ventre, ce qui s'en alla toutes les deux fois par un flux d'urine.

Son hoste luy aida aussi fort à passer le temps, estant un jeune barbier nommé d'Osiliers, qui, ayant grandement bonne opinion de sa science, laquelle estoit néantmoins fort petite, tranchoit du plus habile médecin de l'Europe, et faisoit et disoit les plus grandes asneries et sottises que l'on sçauroit imaginer. Entre autres, il assuroit avoir deux secrets : l'un pour empescher assurément la conception sans lésion ni détriment d'aucune des deux parties, ni mauvaise conséquence pour l'advenir; et l'autre tout au contraire pour la conception, et vouloit estre pendu si, avec ce dernier, il ne faisoit avoir des

---

(1) Voir plus haut, page 148.

enfans à la reine de France (1). Jamais il n'en voulut dire aucun à Ορεστης, qui lui deschira par dépit trois feuillets d'un vieux livre en lettres Gothiques, où sont contenues les receptes pour empescher la conception; lesquels il emporta avec luy en Italie. La femme de ce barbier donna encore plus de passe-temps à Ορεστης ; laquelle, estant fort jeune et belle, estoit fort mal traitée et battue de son mari, qui en estoit jaloux. Elle contoit ses doléances à Ορεστης, et l'ayant treuvé fort libre et fort gay, elle devint si fort amoureuse de luy, qu'après plusieurs poursuites et démonstrations, elle s'advança un jour de luy mettre la main dans les chausses. Néantmoins la ressouvenance des intrigues où l'amour l'avoit embarrassé au logis, jointe à l'appréhension des caprices de son vit, qui lui avoient donné depuis un an en çà une opinion assez forte d'impuissance, le retint si fort, qu'il ne voulut point passer outre les baisers et quelques autres attouchements : dont ne se contenta pas un autre, gentilhomme du cardinal Bagni nommé Ernest, fils du grand veneur de l'archiduchesse, lequel, quoy qu'il l'ait toujours nié, *robusto Veneris fructu illam satiabat* (2), pendant que,

---

(1) Ce n'est que huit ans plus tard, en 1638, qu'Anne d'Autriche donna le jour à Louis XIV.

(2) La rassasiait du solide fruit de Vénus.

pour couvrir son jeu, elle feignoit d'estre amoureuse d'un autre jeune Italien Lucois nommé Balbani, qui estant fort niais le croioit tout de bon et en avoit honte. Elle en faisoit de mesme avec G. B. Casale, de sorte que c'estoit une continuelle farce dans la maison.

Enfin, la tartane venue et le vent favorable, Ορεστης fit ses apprests pour s'embarquer; il acheta un trapontin ou matelas sept livres dix sols, et une bonne couverte dix livres dix sols : meubles dont on le conseilla de se munir, comme plus nécessaires, ce qu'il esprouva estre très véritable par après. De plus, il fit mettre du passement d'or sur sa casaque : sçavoir huit cannes (c'est ainsi que l'on mesure en ce païs-là et non à l'aune), onze francs; et deux douzaines de gros boutons d'or, cinq livres dix sols; le tout revenant, avec la soye jaune et façon, à vingt et une livres. Pour lire, il achepta la *Sampogna del Cavalier Marino* (1), huit sols, et un *Décaméron* de Bocace des plus vieux, vingt sols. Pour remédier aux vomissements que l'on souffre sur mer, il achepta oranges, grenades, citrons, raisins, miel, sucre, cannelle, girofle, et escorce de citron, pour

---

(1) *Sampogna*, zampogne, chalumeau, pipeau rustique. La *Sampogna*, ou Recueil de poésies pastorales du Cavalier Marin, avait paru à Paris, en 1620 (un volume in-12).

cinq livres : tout cela estant fort bon; mais les mariniers luy dirent depuis que l'ail estoit meilleur contre la marine que toute autre chose. Toutes ces galanteries montèrent à quelques quarante-huit livres ; et la despence de bouche et autres nécessitez, depuis le 12 Novembre qu'Ορεστης arriva premièrement à Tolon, jusques au 3 de Décembre qu'il s'embarqua, quarante livres.

Le 3 Décembre matin, Ορεστης s'embarqua avec toute la famille du cardinal Bagni, qui consistoit en huit ou dix personnes, tant maistres que valets, et presque autant d'autres passagers : dont les principaux estoient un Lucois nommé Balbani, neveu de Monsignor Franciotti, auditeur de la Chambre, qui venait de Lyon à Lucques pour se marier et portoit cinq cents pistoles avec lui; et un autre nommé Garnier, fils d'un avocat célèbre de Paris, lequel Garnier avoit esté autrefois Jésuite, et depuis se fit docteur en Théologie à Cologne ; un prestre de Champagne, nommé Morus, et un escolier en Médecine Flamand nommé De Camp; et deux soldats qui venoient d'Avignon de garnison, le Pape ayant supprimé vers ce temps-là quasi toute la milice du Contat. Outre tout ce monde et les mariniers, il y avoit six chevaux, des chiens, des foines (1) et autres

---

(1) Fouines.

animaux : de sorte qu'il sembloit proprement que ce fust l'Arche de Noë, car il falloit coucher tous ensemble dans la stive, les bestes à un bout et les hommes à l'autre, sur les balles et coffres, tous vestus ; et ce fut lors qu'Ορεστης esprouva l'utilité et nécessité de son trapontin et de sa couverte, dans laquelle il se couchoit tout déshabillé, et sans cela il eust infiniment pasti. Outre toutes ces commoditez, il y en avoit encore une fort grande : c'est que le fond du vaisseau estant rempli de marchandises et de balles, le lieu où l'on dormoit, l'on mangeoit, et demeuroit-on la plus part du jour, estoit si bas que l'on ne pouvoit se tenir droit à genoux. De plus, la puanteur estoit si excessive, tant à cause de la poix et de l'eau croupie de la sentine, que pour le fumier et pissat des chevaux, et autres ordures, et entre autres quantité de poux, que l'on estoit contraint bien souvent de dormir le pontau (ou ouverture par où l'on descend dans la stive) tout ouvert : ce qui donnoit plus envie de vomir à Ορεστης que non pas l'agitation de la mer ; laquelle fit presque vomir tous ceux de la barque, et mesmes quelques mariniers, principalement quand le vent se changea de maestral en syroc (1), qu'ils disent estre le plus

---

(1) De mistral en sirocco. Le mistral (proprement vent maître, du Provençal *maestral*) est le vent du Nord-Ouest ; le siroc ou sirocco (de l'Arabe *charqui*, oriental), le vent du Sud-Est.

mauvais vent pour cela ; et Garnier y estoit si sujet, qu'il ne fit quasi autre chose pendant le voyage ; et qui plus est, c'est qu'estant au port sur terre, lorsque la mer estoit agitée, il vomissoit comme s'il eust esté sur mer. Ορεστης ne vomit jamais; seulement à ces changemens de vent, il sentoit quelque légère esmotion d'estomach avec une certaine fadeur à la bouche, et un mal et vertige de teste : ce qui lui arrivoit aussi toutes les fois qu'il se mettoit à lire, de sorte qu'il fut contraint de s'en abstenir, ce qui ne lui fut pas une petite incommodité. On est plus sujet à vomir dans l'estive que sur le vaisseau à l'air, où quelques-uns mesmes dormoient la nuit pour cela ; et Ορεστης y ayant voulu dormir une nuit dans l'eschif, il n'y retourna pas la seconde, à cause du froid : outre que les mariniers s'en faschent, voulant avoir la poupe libre pour eux, où ils dorment ; et le jour sont fort fascheux, voulant pouvoir aller et venir librement de poupe à proue : de sorte qu'il faut que les passagers se tiennent dans l'estive ou au pied de l'arbre maistre sur les chordes ou dans l'eschif. Mais le manger fut ce qui incommoda plus Ορεστης : lequel commencea, dès les costes de France, à resentir les effets de l'avarice et meschinité Italienne ; car, dès le commencement, l'on establit cet ordre-ci : qui estoit que vers les dix heures l'on faisoit un desjeuner de pain et de vin et d'un anchois ou sarde salée. Puis, l'on disnoit vers les trois ou quatre heures après midi d'un peu de chair salée : laquelle estant bientost finie, l'on fut réduit à ne faire plus que deux desjeuners par jour; outré que le biscuit estoit plus noir que la poix du vaisseau, et tout en morceaux et miettes, le Sr Giovanni l'ayant achepté tel pour gagner, comme l'on dit qu'il fit notablement en ce voyage. Car le biscuit des mariniers estoit assez blanc et de bon goust, fait en petits pains; et se traitoient beaucoup mieux que les passagers, faisant tous les jours des potages et des sauces à leurs poissons salez: au lieu que Giovanni, en treize jours que l'on fut sur mer, ne fit pas mettre le pot au fœu trois ou quatre fois. Voilà à peu près la vie que l'on fait sur les vaisseaux : laquelle bien considérée, et avec les dangers que l'on y court et des corsaires et de la tempeste, il n'y a point de doute qu'il ne soit tousjours bien meilleur d'aller par terre, quoi que le chemin soit long et fascheux : encore qu'il y ait quelques plaisirs sur mer quand la mer et le vent sont bons; car en se levant le matin l'on est estonné d'ouïr dire que l'on ait fait cent milles depuis le soir que l'on s'est couché, comme il nous arriva une ou deux fois. Je ne dirai rien ici de la structure du vaisseau ni des mariniers et de leurs façons de faire, en ayant fait un petit traité à part, qui suit celui de la galère (1).

Le 3 Décembre, l'on sortit le matin du port de Tolon, qui paroist à la sortie vers la tour fort beau et grand. L'on voit à main droite une grande langue ou avance de terre, qu'ils appellent aujourd'hui Capo Circelli ou Cirelli; l'ancien nom estoit *Promontorium Citarista*. Après avoir cheminé quelque temps, l'on voit à main gauche le long des costes de la Provence les Isles d'Ières, qu'ils appellent autrement les Isles d'Or, à cause de l'abondance et bonté de toute cette coste-là, que les Grecs appelèrent autrefois pour ce mesme sujet *Olbia;* et les Isles, *Stœchades Insulæ*, qui sont trois principales : la première se nomme Ribadeo, la deuxième Portocrozo, la troisième Bononio, anciennement *Porte (vel Prote) Mese, quæ et Pomponiana*, et la dernière Hypæa. Elles sont très-dangereuses à cause des Turcs, qui y font d'ordinaire leurs retraites; et y vismes mesmes quelques voiles. A peine avions-nous perdu de vue ces isles, que nous aperceusmes un vaisseau venir droit à nous ; l'espouvante prit aussitost les mariniers, et commencèrent à tourner la proue vers terre, qui estoit assez esloignée. Nos Italiens *si cagavano adosso*

---

(1) Voir plus haut, page 177.

di paura (1), surtout Balbani avec ses cinq cents pistoles, qu'il print sur lui; estant résolu de bien fuir sitost qu'il seroit sur terre; et le Sr Gio Battista Casale, gentilhomme Romain, *fece subbito voto a la Madonna* (2). Ce vaisseau nous voyant prendre la route de terre, comme il estoit assez esloigné, il tira tout droit sans s'approcher davantage. Depuis, l'on sceut que c'estoit un vaisseau d'Espagnols qui, ayant sceu que les soldats que le Roi envoyoit aux Vénitiens devoient partir ce jour-là (comme ils firent au mesme temps que la tartane d'Ορέστης), alloient rodans pour voir s'ils pourroient attaquer quelque vaisseau avec avantage.

Le soir, l'on print port à l'isle Sainte-Marguerite, distante de Tolon environ trente-cinq lieues, où la mer fait un assez large sein (qui a vingt milles), quasi au milieu duquel sont deux isles : l'une nommée Sainte-Marguerite (3) et l'autre, Saint-Honoré de Lérins. Sainte-Marguerite est plus approchant en terre (esloignée trois ou quatre milles), où l'on voit

---

(1) Se conchioient de peur.

(2) Fit tout de suite un vœu à la Madone.

(3) *A sacro sacello priscis sæculis in honorem D. Margaritæ; eratque velut recessus patrum Lerinensium.* V. Barralis. (*Note de l'Auteur.*) — D'une chapelle anciennement consacrée à Sainte Marguerite; c'était une sorte de retraite pour les Pères de Lérins.

Cannes, petite ville ou bourg. L'isle aura une lieue ou une et demie de circuit. Du costé de terre ferme, elle a un assez bon port, où il y a une fontaine d'eau douce, et y faisoit-on du fer. Elle est déshabitée, n'y ayant qu'une petite forteresse ou tour bastie sur de vieilles ruines, où demeure le Capitaine avec quelque petite pièce de canon et quelques armes ; il y a quantité de vieux bastiments ruinez que l'on voit avoir esté faits par les Romains et sous les premiers siécles de leur empire : estans bastis de ces petites pierres taillées en quarré et posées sur leurs angles, qu'ils appeloient *reticulatum opus* (1). Il y a encore plusieurs voutes par ci par là dans l'isle, qui ont quelques fenestres et point de portes : que l'on a faites de nouveau à deux, l'une servant aujourd'hui d'église, et l'autre soustenant la nouvelle fortification que l'on y a faite pour y tenir un capitaine. Ορεστης et le Sr Slingüeland visitèrent fort curieusement tous les endroits de cette isle, et firent mesme fouiller en quelques lieux, où ils treuvèrent des pièces de marbre ; et entre autres, une grande quantité de pavé à la mosaïque, de petites pierres de marbre noir, jointes et cimentées ensemble : *tesselato opere*, ce qui leur fit

---

(1) Ou *reticulata structura* (Vitruve), maçonnerie réticulée, faite en forme de réseau.

conjecturer qu'il y avoit eu là autrefois quelque sumtueux édifice. Le Capitaine de l'isle nous dit que la tradition du païs estoit, que ces voutes ainsi basties sans portes estoient des magazins de bled, que les Romains bastirent en cette isle du temps des guerres de Carthage. *Fides penes auctorem* (1). Cluverius, en ses chartes de l'ancienne Italie, l'appelle *Lerina Insula cum Vergoano oppido;* et l'autre, *Lero Insula cum Leronis herois sacello* (2). Elle est fort proche de l'autre, distante six cents pas, et Ορεστης avec quelques autres y passa avec l'eschif. L'isle est plus petite que celle de Sainte-Marguerite (elle a deux mille pas de circuit) ; elle est néantmoins plus cultivée et beaucoup plus agréable, principalement à cause d'un bois de pins et de quelques jardins qui y sont assez bien entretenus par les Moines de Saint-

---

(1) Vincentius Barralis Salerna, moine de Saint-Honoré de Lérins, a fait un gros volume in-4, intitulé : *Chronologia Sanctorum et aliorum virorum illustrium, ac Abbatum sacræ Insulæ Lerinensis.* En la description qu'il fait au commencement de ces isles : *In qua etiam Romani Augusti auleata domicila validasque munitiones construxerunt (ut adhuc monstrant antiqua vestigia), pro apparatu classium dirigendarum in Galliarum partes occiduas.* (Note de l'Auteur.)

(2) Plinius, l. 3. c. 5 : *Lero et Lerina. Itiner. Anton.* : *Lero et Lerina insula.* Strabb, l. 4 : *Post Stœchades insulas est Planasia et Leron, in quibus sunt pagi; Lerone quæ est Antipoli objecta, etiam sacellum est Leronis.* (Note de l'Auteur.)

Honorat ; dont l'isle a prins le nom de Saint-Honorat de Lérins. Lequel Saint-Honorat fut archevesque d'Arles, et fonda ce monastère en l'an 375 ; l'isle estant auparavant déserte à cause de la grande quantité de serpens, lesquels ce saint par miracle chassa, dit Saint-Hilaire en la vie de ce saint. Il y a eu quantité de martyrs, et est fort célèbre parmi tous les auteurs de ce temps-là, qui l'appellent tous *sacra*. Le monastère (1) est assez bien basti, a mesmes quelques petites fortifications pour empescher les Turcs. L'église est jolie, où ils gardent le corps de Saint Honoré et quelques autres reliques avec grande dévotion. Ορεστης à la fin demanda s'il n'y avoit point de bibliothèque : un petit moineton lui respondit que oui, et fut à sa prière pour en chercher les clefs ; de quoi un maistre moine le tança : lequel estant pressé à la fin par Orestes, il luy respondit, qu'autrefois véritablement il y avoit eu des livres, mais qu'ils s'estoient perdus pendant les guerres (2), et qu'à cette heure ils tenoient dans ce lieu-là leur vin et leurs fruits ; ce qu'Ορεστης

---

(1) Voyez la description de ce monastère faite par ce Vincent, qui descrit jusques au nombre des portes et des fenestres. (*Note de l'Auteur.*)

(2) Vincent, néantmoins, cite souvent les Manuscripts de ce monastère. (*Note de l'Auteur.*)

crut facilement. Ces moines sont de la congrégation de Monte Cassino (1), et y a mesmes quelques Italiens parmi eux.

Le vent s'estant changé, fit que l'on demeura à ces isles le 4 et le 5.

Le 6 Décembre, l'on partit de bon matin, et afin de ne pas paier les droits que le Duc de Monaco exige de tous ceux qui passent par ces costes-là (c'est un petit souverain qui a son estat entre le Piedmont près Nise et Vintimiglia, et sur le Genevois (2), l'on fit canal qu'ils appellent, c'est-à-dire que l'on se mit en haute mer, tirant droit à la Spiaggia Romana (3). Ainsi ayant perdu terre de vue, Ορεστης ne vit ni le Genevois, ni le Lucois, ni le Florentin; dont il fut infiniment fasché. Car, outre que l'Italie en cet endroit, principalement l'Estat de Genes, fait un coude qui avance vers le Septentrion jusques au quarante-troisième degré et demi d'élévation du pole, les mariniers tirèrent le plus qu'ils purent en

---

(1) Sous laquelle ils furent mis l'an 1515, ayant esté réformez. — Il (Vincent Barralis) met à la fin les œuvres d'un Dyonisius Faucherius, d'Arles, moine de Saint-Honoré, qui mourut en 1561 ; qui est assez poli et sçavant pour un moine ; surtout ses épistres sont pures et élégantes. (*Note de l'Auteur.*)

(2) L'Etat de Gênes, *lo Stato di Genova*. Genève, en Italien, est *Ginevra*.

(3) La Plage Romaine.

mer du costé de Corsique (1), qu'ils disoient mesme descouvrir de loing, affin d'eschapper les brigantins du Duc de Monaco (qu'ils appellent en Provençal Mourgues (2), qui vont rodant pour arrester les vaisseaux qui ne viennent pas prendre port à Monaco et paier le tribut, et confisquent tout ce qui veut passer sans s'arrester et paier, prétendant avoir ce droit-là. Comme l'on fut vis à vis de Monaco, il s'esleva un si grand calme, que le vaisseau demeura quasi immobile tout le jour : ce qui faisoit enrager ce maistre de chambre du Cardinal Bagni pour la peur qu'il avoit qu'on ne lui confiscast ses hardes. Le soir, le vent s'esleva si fort et si favorable, que le lendemain matin, 7 Décembre, l'on treuva que l'on avoit fait plus de cent milles. L'on chemina le reste du jour avec le mesme vent, et l'on monstra de loing à Ορεστης l'Isle Elba où les mariniers disoient que l'on treuve de fort bon aimant, et qu'il y en a mesme de blanc. Cluverius dit (3) qu'elle s'appeloit ancien-

---

(1) L'île de Corse.

(2) En Français du XVIᵉ siécle, Monègue (Le Maçon, trad. du *Décaméron* de Boccace, 2º Journée, 10ᵉ Nouvelle, le *Calendrier des Vieillards*). Pagamin ou Paganin de Monègue, le beau et vigoureux corsaire « qui desroba la femme à Messire Richard de Quinzica », était un duc de Monaco.

(3) Lib. 2. *Ital. antiq.*, p. 502, où il apporte quantité d'autoritez anciennes, qui disent qu'il y croist quantité de fer, et nul ne parle d'aimant. (*Note de l'Auteur.*)

nement *Ilva* et *Æthalia ;* elle est vis à vis de Piombino. L'on rencontra deux vaisseaux chargez d'oranges et de citrons, les mariniers s'entresaluèrent aussitost, se criants : *Bonne conserve!* C'est un mot de marine, et ils disent *aller de conserve* quand deux vaisseaux se rencontrans vont de compagnie, se défendans et comme conservans l'un l'autre. Le temps se troubla vers le soir, et le vent et la pluie s'estant levez avec impétuosité, l'on fut prendre port à Porto San Stefano, qui est sur le Monte Argentaro du costé du Couchant, Porto Hercole estant du costé du Levant. Cluverius dit qu'il s'appeloit autrefois *Portus Domitianus*, et doute s'il ne s'appeloit point aussi *Portus Cosanus :* voiez la docte description qu'il fait de ce *Mons Argentarius* et de toute cette coste-là, en son second livre de l'Ancienne Italie, depuis la page 478 jusques à 482. Il y a une petite forteresse sur un rocher qui commande à ce port, où il y a garnison Espagnolle, comme il y a dans tous les ports et plages de la Toscane, excepté Livorne. Aussitost que l'on aperceut le vaisseau de la forteresse, l'on tira un coup de canon; et les mariniers ayant baissé l'antenne, ils s'approchèrent du port; et ayant porté les ancres dans l'eschif pour les planter sur le bord, un soldat Espagnol vint demander la patente de la santé : laquelle ayant prise des mariniers, il leur dit qu'il leur la rendroit le lendemain, et que cependant ils se retirassent du bord, et jettassent l'ancre en mer vers l'entrée du port s'ils vouloient, et leur deffendit surtout de descendre à terre, non pas mesme pour prendre de l'eau. Et les mariniers faisant difficulté de se retirer, l'on les menaça de tirer le canon sur leur vaisseau, de sorte qu'il fallut lever l'ancre et se retirer à l'entrée du port à l'abri d'un rocher, la mer estant estrangement agitée de la pluie et du vent, et l'on passa ainsi fort mal la nuit.

Le lendemain 8, comme les mariniers furent à bord pour demander leur patente, les Espagnols vouloient avoir une pistole; et le maistre de chambre du Cardinal, à qui il eschaioit à payer, ne voulant rien donner, il y eut querelle : ceux de la barque se parans du nom du Cardinal et du Pape, et les Espagnols respondans tout franchement qn'ils n'avoient que faire ni de l'un ni de l'autre, et qu'ils ne recognoissoient que le Roi d'Espagne. Il fallut enfin leur donner une demie pistole : sans néantmoins qu'ils voulussent permettre que l'on descendist en terre pour prendre de l'eau, disants que l'on la paiast si l'on vouloit aux mariniers qui estoient dans de petites cabanes au pied de cette forteresse, lesquels l'auroient apportée à la tartane. Ainsi se passa le jour, ayant achepté du poisson frais de quelques pescheurs. Sur le soir, les Espagnols envoyèrent dire que l'on eust à partir : ce que les mariniers promirent sitost que le temps seroit bon.

Le 9, les Espagnols envoyèrent dire que l'on partist à l'heure mesme, autrement qu'ils tireroient sur le vaisseau : ce qu'il fallut faire, quoi que le vent fust contraire ; aussi fit-on fort peu de chemin, les mariniers estant contraints de s'arrester à une marine déserte qui est en la mesme montagne Argentaro, et peut estre cette *Incitaria positio* dont les *Itineraria maritima* parlent, que Cluverius, p. 482, dit ne sçavoir où assigner, et la confond avec *Portus Domitianus* ou *Porto.S. Stefano*. Cette marine peut estre à trois ou quatre milles de Porto S. Stefano. Là, les mariniers descendirent en terre, firent eau et coupèrent du bois; et y passa-on tout le jour.

Le 10, le temps s'estant aucunement accommodé, les mariniers voulurent démarrer ; mais à peine eurent-ils doublé un petit cap, que le vent souffla si contraire, que l'on fut contraint de relascher d'où l'on estoit parti.

Le 11 matin, après plusieurs délibérations, l'on partit avec un fort grand vent, de sorte que l'on fut contraint d'abaisser la voile du trinquet. Le vent se renforçant et s'estant aucunement changé en bize, qu'ils appellent vent de terre, il fallut tourner la voile, qui est une chose fort dangereuse, le vaisseau courant hazard de se renverser. Mais le vent augmentant toujours vers le soir, et la mer estant horriblement grosse, il fallut encore abaisser la grand' voile, qu'ils appellent de maistre, l'antenne mesme s'estant rompue, et mettre seulement le penon du treo, qui est une forte petite antenne avec une petite voile, ce qui ne se met qu'aux grandes tempestes : aussi celle-ci commencea à s'augmenter tellement, que la moitie de la proue se cachoit sous l'eau, lorsque le vaisseau, après s'estre extraordinairement eslevé, retomboit en bas ; et les ondes passoient par dessus tout le vaisseau, lequel, allant contre vent, estoit tellement penché, que l'eau entroit partout par un des costez : de sorte que l'on fut contraint de fermer le pontau ou ouverture de l'estive, affin que l'eau n'entrast dedans, car sur le dessus du vaisseau l'eau y couroit comme une rivière. Enfin le vent redoubla si fort vers le soir, tout à fait contraire, venant droit de terre où il falloit aborder, et la mer s'irrita si fort, que le patron, fondu en larmes, estoit d'avis de couper les arbres et d'abandonner le timon, laissant aller le vaisseau à la merci du vent qui l'eust porté en Afrique ; et l'espouvante devint si grande, non seulement parmi les passagers, n'y ayant point un des Italiens qui ne s'enfuist dans l'estive, et là, se tenans enfermez, disoient leurs heures et suffrages *pro periclitantibus* (1) *et tutti fecero voto* (2) ; mais encore parmi les mariniers, qui devinrent tous pasles et comme estourdis ; ce qui estonna le plus Ορεστης, qui prenoit plus garde aux visages de ces gens-là, accoustumez à semblables dangers, et qui pour cet effet se tint toujours en hault, se mettant dans l'eschif le plus à couvert des ondes qu'il pouvoit, lesquelles passoient par dessus sa teste et le couvroient tout. Il observa que ceux qui faisoient le plus de bruit et plus les entendus auparavant, devinrent alors plus estonnez et plus abattus, jusques à se coucher, regardant, les bras croisez et les larmes aux yeux, aller le vaisseau où bon lui sembloit ; et n'y avoit presque aucun qui par son extreme paleur n'eust la mort peinte sur le visage. Ce qui y fit résoudre Ορεστης à la fin, et quand et quand, de se conserver l'esprit ferme et roidement attentif à considérer tous les mouvements de ces gens et tous les accidens qui pourroient arriver. Les Italiens l'appelèrent plusieurs fois et se scandalizoient de ce qu'il se tenoit ainsi en haut à voir le danger où l'on estoit. Ce qui estonna encore plus les mariniers est qu'ils virent disparoistre devant eux un petit vaisseau qui estoit assez voisin,

---

(1) Prières pour les périclitants.
(2) Italien : et tous firent un vœu.

croyant assurément qu'il s'estoit submergé; et la nuit survenant fit paroistre encore le danger plus grand. Ils estoient donc quasi tous de l'avis du patron de laisser aller le vaisseau au gré du vent et des ondes, et s'apprestoient pour couper les arbres, quand le nocher qui estoit un vieil homme qui avoit passé toute sa vie en semblables dangers et qui avoit été fait esclave plusieurs fois, les rencouragea par une petite harangue qu'il leur fit, et ayant pris le timon en main, dit qu'il vouloit lutter contre le vent, et essayer d'arriver en dépit de lui au port de Cività Vecchia, dont l'on commencea à descouvrir la lumière du phanal, laquelle apporta quelque consolation à ces esprits esgarez, s'escrians tous de joye sitost qu'ils l'aperceurent. Le nocher fit si bien que l'on arriva enfin vers minuit au port, où l'on faisoit mesme quelque difficulté au commencement de laisser entrer. Le reste de la nuit se passa avec la joye que peuvent avoir des gens qui se voyent eschappés de la mort, et le plus grand divertissement fut, après avoir mangé, de se seicher, n'y ayant rien dans le vaisseau qui ne fust percé.

Ils content, de Marseille à Cività Vecchía, deux cents lieues; mais je croi que c'est quand l'on va costoyant l'Italie, laquelle vers le Genevois fait une grande sinuosité : car d'aller tout droit comme l'on fait, je croi que l'on abrège si non la moitié, au moins un tiers du chemin.

Le 12, les commissaires de la santé estant venus pour voir les patentes de la santé, les Italiens croiant bien faire monstrèrent un billet qu'ils avoient prins à Marseille, ce qui fut cause qu'ils firent la quarantaine beaucoup plus rigoureuse que s'ils eussent dit avec vérité qu'ils venoient de Tolon. Ces commissaires estant trés mal informez de ces païs-là où il n'y avoit aucune peste, nonobstant ils firent retirer la tartane tout à l'entrée du port, et firent demeurer là trois jours, quoi que le vent fust si violent, qu'il rompit quasi tous les chables, et l'on ne put jamais allumer du fœu pendant ce temps. Après plusieurs allées et venues, et plusieurs délibérations, enfin, importunez par les crieries du Sr G. B. Casale, ils assignèrent par intérim un certain logement qui est basti sur le port mesme, où ceux qui voudroient pourroient descendre. Car le maistre de chambre pour son proficiat, et autres siennes particulières considérations, tiroit en longueur le plus qu'il pouvoit, gagnant gros sur cette vie qu'il faisoit faire dans la barque : quoi qu'il ne fit payer à Ορεστης que huit livres pour douze jours qu'il fut dans la barque, sur quoi néantmoins il gaigna encore plus de la moitié, tant il traita mal. Ορεστης donna, outre ce, trente sols aux mariniers pour leur vin (lesquels périrent presque tous, avec la barque, au retour, aux Isles Sainte-Marguerite).

Le 15, Ορεστης descendit en terre au logement que l'on avoit assigné, avec Casale, Garnier et Ballani, contre le sentiment du maistre de chambre.

Le 16 au matin, comme ils sortoient hors leur logement, ils trouvèrent à vingt pas de leur porte une potence que l'on y avoit plantée la nuit ; et ayant demandé ce que vouloit dire cet arbre-là qui estoit cru ainsi en une nuit, l'on leur respondit que c'estoit pour y attacher ceux qui passeroient plus outre. Ce compliment, fait ainsi d'abord à des estrangers, estonna un peu Ορεστης, et lui donna un mauvais préjugé de l'hospitalité et humanité Italienne. Ορεστης demeura dans ce logement avec ses trois compagnons jusques au 25, passant le temps assez gaiement et faisant bonne chère, tant à cause de certains présens que Monsignor Cesis, clerc de Chambre, qui estoit lors gouverneur de Cività Vecchia, faisait au Sr Casale, que pour les autres vivres qu'ils se faisoient apporter par un eschif qui estoit destiné à cela, dans lequel venoit un homme qui, sans descendre en terre, jettoit sur le bord ce que l'on lui avoit ordonné d'apporter, et prenoit l'argent, que l'on lui mettoit dans une escuelle pleine de vinaigre pour le purifier.

Il arriva néantmoins que la mer s'estant fort enflée, comme ce logement estoit basti sur un mole qui avance dans la mer, de sorte que ce logis estoit tout entouré d'eau, l'esquif n'y pouvoit plus aborder, l'eau estant tant soit peu plus haute que le plan des chambres, de sorte qu'elle entroit dedans; et ainsi l'on demeura trois jours sans aucun secours, en danger de mourir si le mauvais temps eust duré davantage : ce que l'on disoit qui estoit arrivé à quelques-uns. Tous les vivres estoient manquez, et en estoit-on réduit au pain, dont l'on avoit fort peu; mais ce qui faisoit le plus de besoin, estoit l'eau. Ορεστης se servit fort du miel qu'il avoit apporté de Tolon, en mangeant avec son pain, mais principalement en mettant dans le vin, qu'il adoucissoit ainsi, n'en pouvant boire autrement. Le maistre de chambre cependant fit des listes de ceux qui estoient de la famille du Cardinal Bagni, et ceux qui estoient simplement passagers : au nombre desquels derniers il mit Ορεστης, par despit de ce qu'il estoit descendu en terre devant lui. Ainsi la division fut faite, et ceux de la famille du Cardinal entrèrent dans ce *Lazaretto* (c'est ainsi qu'ils appellent les lieux destinez à faire purger les pestiférez par l'espace de quarante jours, et pour ce appellent-ils faire la quarantaine) du port; où Ορεστης estoit entré dès le 15, et l'on destina aux autres passagers une maison au milieu des champs, à un mille de la ville : où ils furent conduits et vescurent en la façon que nous descrirons ci-après, méritant d'estre descrit avec toutes ses particularitez, tant pour estre une chose nouvelle et inusitée en France, au moins vers Paris, que pour faire voir l'inhumanité et la vanité tout ensemble dont les Italiens accompagnent la plus part de leurs actions. Ορεστης eut quelques parolles avec le maistre de chambre pour cette séparation, à laquelle Slingueland s'opposoit; et Garnier avec Casal prétendoient qu'il lui avoit vendu les présens que Monsignor Cesis avoit faits en commun. Casale fit paier à Orestes, pour dix jours depuis le 15 jusques au 25, treize livres.

Le 25 Décembre, quoi que jour de Noël, Monsignor Cesis ne voulut jamais permettre que l'on ouist la messe. L'après-disnée, on transporta à un autre Lazaret ceux qui n'estoient pas de la famille, c'est à sçavoir, Ορεστης, Garnier et son valet, Morus, prestre Champenois, De Camp, et deux soldats, l'un Sicilien et l'autre Romagnol. L'ordre de la démarche fut tel. Le commissaire de la santé, nommé Brancaleone, marchoit devant avec les deux gardes, qui estoient destinées, l'une pour dedans le logis et l'autre pour dehors, et quelques autres soldats; tous lesquels ensemble précédoient environ vingt pas, criant au monde qu'il se retirast. L'on marcha en cet arroi environ un mille hors la ville, devant que

d'arriver au Lazaret destiné, qui estoit une petite maison toute seule au milieu de la campagne appartenante aux moines de Saint-Dominique : où il y avoit trois meschantes petites chambres sans plancher, sous les tuiles, et une escurie par bas, sans cour ni jardin, ni chassis, ni serrures, avec une unique porte. Estant arrivez à ce palais, Brancaleone, se tournant à un caporal des Galères, natif de Montferrat, lui dit : « Vous êtes destiné *per guar-*
» *dia di dentro a questi Signori* (1), affin que vous
» preniez garde si aucun d'eux tombera malade ; et
» surtout que vous empeschiez qu'ils ne sortent
» hors le pas de la porte, et que personne de dehors
» ne s'approche de cette maison, leur criant de
» loing qu'ils se détournent ; et je vous consigne la
» clef de la porte de devant, affin que vous l'ouvriez
» seulement quand la garde de dehors apportera à
» manger, sans laisser sortir personne dehors, ni
» vous-mesme, sur peine de la *forca* (2) à vous et à
» eux. Et ils vous donneront trois Jules par jour et
» vous nourriront. » Et se retournant après vers un sien Paggio (ainsi appellent-ils les jeunes serviteurs que nous appelons en France Laquais, et qu'en bon Toscan l'on nommeroit Βαρδασσι (3) : « *Voi sarete*

---

(1) Pour garde de dedans à ces Messieurs.
(2) De la potence.
(3) *Bardassi*, bardaches, mignons.

» *la guardia di fuora* (1); et viendrez deux fois le
» jour matin et soir pour leur apporter ce qu'ils
» auront ordonné que vous leur achepterez pour le
» disner et pour le souper; et porterez une longue
» canne qui sera fendue par le bout, et ferez ficher
» par la garde dedans l'argent qu'ils vous donneront,
» lequel par après vous passerez par dessus la
» flamme, ou dans le vinaigre, comme aussi tous
» papiers et autres choses qu'ils vous donneront.
» Quand vous leur apporterez leurs vivres, vous
» leur mettrez sur le pas de la porte, et eux venans
» à les prendre, vous vous reculerez toujours *dieci*
» *passi in dietro* (2), et ne les laisserez passer le pas
» de la porte *sotto la sudetta pena della forca* (3) à
» vous et à eux. Et ils vous donneront cinq Jules
» par jour pour vostre peine. » Et après avoir encore menacé les prétendus pestiférez de la corde pour dernier compliment, et les avoir enfermez, il s'en alla. Les ordres de Brancaleone furent fort religieusement observez, principalement pour tenir l'argent qui avoit esté destiné aux gardes, et pour en venir demander pour la despense; et encore, pour empescher que les pestiférez prétendus ne

---

(1) Vous serez la garde de dehors.
(2) Dix pas en arrière.
(3) Sous la susdite peine de la potence.

sortissent la porte : mais non pas si austèrement pour empescher que personne de dehors n'y pratiquast. Car, à peine se fut retiré Brancaleone à la ville, que l'on vit paroistre deux femmes auprès du Lazaret; et aussitost la garde de dedans ayant ouvert la porte sortit, et après avoir long temps parlé à elles, en fit entrer une dans l'escurie d'en bas. A qui demanderoit ce qui se fit après, l'on lui pourroit respondre : *Quid tum postea, fatue* (1)? Ces femmes continuèrent toutes les festes de Noël leurs visites, et commencèrent si fort à s'apprivoiser, qu'après avoir eu plusieurs colloques d'en bas avec Ορεστης et De Camp qui estoient à la fenestre, une des deux, nommée Concordia, vint sur le pas de la porte causer et jouer par un trou qu'il y avoit. Mais Ορεστης voyant que ceci alloit passer plus outre, et que la garde dedans vouloit engager ceux dedans à la participation de son crime, affin de prendre avantage sur eux et se faire craindre, leur fermant par ce moyen la bouche aux plaintes qu'ils pourroient faire de lui, soit pour autre chose, ou pour cette femme-ci qu'il faisoit entrer (quoi qu'en cachette d'eux, s'entendant avec les deux soldats et leur faisant faire la sentinelle pendant qu'il en venoit aux prises) : Ορεστης voyoit toute cette trame, et le

---

(1) Quoi ensuite, nigaud?

danger qu'il y avoit pour eux, si quelqu'un de dedans avoit affaire avec cette femme, tant à cause des défences faites par le commissaire de la santé, que pour le péril de la vérolle, laquelle estant dangereuse en tout temps, l'eust été encore bien davantage alors; n'y ayant point de doute qu'on l'eust prise d'abord pour la peste; et ainsi toute la compagnie estoit en danger d'estre ou arquebusée, ou renvoyée au moins *al paese* (1). C'est pourquoi il arresta avec Garnier et Morus, qu'il falloit avertir De Camp, qui, estant un jeune esventé, se laissoit tirer par le nez de la passion et des parolles du caporal, qu'il se gardast bien d'avoir affaire à cette femme, et aussi les deux soldats de mesme, et dire au caporal qu'il ne les fist plus venir, autrement qu'on en avertiroit Monsignore. Le caporal fut infiniment piqué de ce que l'on n'avoit pas voulu mordre à l'hameçon, et s'excusa que l'une estoit sa femme; et sous ce prétexte, il continua de la faire venir de deux jours l'un réglement; quoi que depuis Ορεστης apprit à Cività Vecchia que c'estoit sa garce. Concordia ne vint plus.

Personne de la compagnée ne sçavoit parler Italien, ni mesme l'entendoit, hors mis Ορεστης, à qui lors servit la lecture qu'il avoit faite autrefois de

---

(1) Au pays.

quantité de livres Italiens, et d'avoir aussi esté plusieurs fois à la Comédie Italienne à Paris. Cela fut cause que l'on lui donna la charge de toute l'économie, laquelle il disposa en cette sorte : que l'on partageroit tout esgalement en quatre, le valet de Garnier estant défrayé sur le commun, et les soldats faisant leur fait à part ; qu'il estoit plus à propos de donner deux Jules par jour à la garde de dedans que de le nourrir, affin qu'il n'eust rien à démesler avec nous ; que chaqu'un donneroit une pistole l'un après l'autre, et que, les quatre pistoles estant despensées, et le conte arresté et veu par Ορεστης, un autre prendroit le soing de revoir et arrester le conte des quatre autres, chaqu'un à son tour ; que le soir l'on arresteroit ensemble ce que l'on voudroit faire achepter le lendemain, et Ορεστης en feroit la liste : ce qui lui fit faire un notable progrès en la langue Italienne, estant forcé d'escrire et traiter continuellement avec la garde de dehors, qui n'entendoit pas un mot de François ; mais d'un autre costé ce lui fut un mauvais apprentissage d'estre en la compagnée de ce caporal Montferratin, et d'un Sicilien, et Romagnol, estans les plus mauvais idiomes de toute l'Italie, ce qui lui nuit fort au commencement. Le prestre Champenois prit le soing de la cuisine, à laquelle il s'entendoit fort bien. Cela ainsi establi, fut assez bien au commencement, n'y ayant point d'autre inconvénient, sinon que la garde de dehors desroboit furieusement sur le prix des choses qui n'avoient pas de taxe et sur le poids de celles qui en avoient, ne portant que la moitié ou les deux tiers de ce qu'on lui demandoit et qu'il contoit; mais il n'y avoit point de remède, pour ce qu'il escrivoit ses listes selon la taxe. L'autre inconvénient estoit que les prestres, principalement le Champenois avoit un estomac d'austruche qui digéroit en un moment, de sorte qu'il vouloit tousjours souper quand Ορεστης à peine avoit commencé la digestion; et beuvoit plus que quatre, qui n'est pas une petite incommodité dans une longue et estroite société. Le troisiesme estoit que Garnier, estant infiniment lésinant, en estoit tousjours sur l'espargne, s'opposant à mille petites galanteries du païs qu'Orestes vouloit faire achepter, plustost par curiosité que friandise. Mais tout cela estoit peu de chose, et Ορεστης passoit le temps assez gayement, le compassant de cette façon-ci. Il se levoit vers le 16 ou 17 heures d'Italie, c'est à dire 10 heures de France, et après avoir marché par la chambre une ou deux heures, l'on disnoit; après disner, l'on jouoit un peu au volant; puis Ορεστης prenoit le temps que Garnier dit son bréviaire, s'enfermant ce pendant dans la chambre où ils dormoient tous quatre, laquelle ne fermoit qu'avec une cheville de bois, et lisoit en cachette une Nouvelle du Boccace qu'il avoit apporté de Tolon ; et après l'avoir lue, il rempaquetoit aussitost le livre, sous une couverture addressante à l'Ambassadeur de France, comme si c'eust esté un paquet de lettres; ce qu'il creut le meilleur moyen pour empescher qu'on ne l'ouvrist et qu'on ne le retinst en entrant à Rome, comme l'on eust fait sans cela. Après la lecture, il passoit une heure à considérer le coucher du soleil dans la mer, qui est une chose fort agréable à voir, à cause des diverses couleurs que le ciel donne à l'eau, et l'eau aux nues; et quand le soleil est sous l'horizon, l'eau renvoye une image de son globe dans les nues, de sorte qu'il semble que ce soit un nouveau soleil qui se lève. La mer devient violette, et puis rougeastre, vers le soir. La nuit venue, il chantoit avec Morus des airs de France, dont il se resouvenoit, et en mit le dessus et la basse en notes de musique, le mieux qu'il put. Après souper, il disputoit de quelque point de Philosophie avec Garnier, qui comme docteur estoit fort ferré là-dessus. Ορεστης le faisoit néantmoins enrager, en lui révocant en doute tous les principes sur lesquels ces Messieurs se fondent. Quelques jours, quand la garde de dedans estoit en bon humeur, il leur ouvroit la porte et les laissoit promener sur le pré le long de la maison, à l'entour des murailles de laquelle il y avoit des roses fleuries à Noël, tant le climat est doux en ce païs-là, principalement à Civita-Vecchia, à cause du voisinage de la mer. Mais cette liberté ne dura pas long temps ; car Monsignor Cesis, qui faisoit le guet luy-mesme des fenestres de son Palais, ayant vu promener nos gens dehors, il envoya Brancaleone, qui osta la clef à la garde de dedans et la consigna à celle de dehors, lui défendant d'ouvrir, sinon pour mettre les vivres dedans, tousjours avec le refrain ordinaire : *sotto pena della forca*. Nonobstant quoi, la garde intérieure ne laissoit pas d'ouvrir avec un cousteau par dedans, tant pour faire entrer sa galande, comme pour aller à la picorée la nuit pour busquer du bois, des herbes et autres commoditez voisines ; et laissoit mesme parfois le jour sortir les pestiférez, pourveu qu'ils se tinssent cachez derrière la maison. Mais cette garde s'estant piquée, tant de ce que l'on n'avoit pas voulu consentir à son dessein de faire venir des garces, que de certaines parolles qu'il avoit eues avec Garnier, qui comme Jésuite et Docteur estoit animal fascheux et difficile : toutes ces petites libertez nous furent desniées au dehors ; et s'eslevèrent de grandes dissensions et querelles dedans. L'origine fut telle : la veille des Rois, Ορεστης, qui ne songeoit qu'à passer le plus gayement qu'il estoit possible cette fascheuse prison, fut d'avis que les quatre associez traitassent les trois soldats et que l'on fist les Rois ensemble à la mode de France. Là les soldats burent furieusement, et entre autres le caporal, d'un certain vin de Saragouse qui est extrèmement violent. Il se rencontra par hasard que la fourchette et le cousteau de Garnier se treuvèrent en croix, qui est une chose de très mauvais augure par toute l'Italie : aussitost le caporal commencea à jurer, et dire qu'il y avoit quelque sorcier dans la compagnée, et que l'on vouloit ensorceler quelqu'un. Le lendemain, la galande estant venue, et le caporal ayant fait, comme c'est à présupposer, excez nouveau avec elle, il devint si furieusement enrheumé qu'il perdit quasi entièrement la parolle, et fut plus de quinze jours qu'à peine pouvoit-on entendre ce qu'il dit. Aussitost il commencea à dire que c'estoit Garnier qui l'avoit *affaturato* (1), et qu'il y avoit long temps qu'il estoit hérétique et sorcier, et qu'il vouloit le déférer au Saint Office. Les soldats le secondèrent aussitost, disant qu'ils se rendroient tesmoins de cette croix qu'il avoit faite au souper. Mais cette révolte, commencée pour une légère occasion, passa bien plus loing : car le caporal, voyant que les soldats n'avoient point d'argent (car pendant toute la quarantaine ils ne mangèrent que du pain et ne burent la plus part du

---

(1) Ensorcelé.

temps que de l'eau), il eut peur que la part que vraysemblablement les soldats lui devoient paier de sa garde ne fust perdue pour luy : c'est pourquoi il les instiga à se déclarer, que non seulement ils ne paieroient point la garde, mais qu'il falloit que les quatre les nourrissent; et en vinrent à telle insolence, principalement le Sicilien, qu'ils venoient tous trois le soir à la chambre des quatre, et disoient tout hault qu'ils n'avoient plus d'argent, et qu'il falloit que ceux qui en avoient en donnassent à leurs compagnons, par amitié, ou bien qu'ils le feroient faire de force, aimans autant aller en galère ou estre pendus, que de mourir de faim enfermez entre quatre murailles : ce qu'ils disoient principalement pour Garnier, qu'ils sçavoient avoir de l'argent dans son coffre. Outre cela, ils tirèrent de leur parti ce jeune escolier Flamand : lequel commencea à faire le mauvais, menaçant de rompre bras et testes si l'on parloit de faire paier les soldats; et comme il couchoit dans la chambre des trois autres, la nuit en se mettant au lit il tiroit son espée nue et la mettoit auprès de lui : n'y ayant qu'Orestes qui en eust une (dont il ne se fust pas trop bien servi au besoing), car les prestres n'avoient que leur bréviaire. Outre ce, De Camp commencea à ne vouloir plus paier, l'argent luy manquant ainsi que l'on jugeoit : de sorte que l'on fut contraint de se séparer d'avec luy; et ainsi il fit vie avec les soldats et alla coucher en la chambre du caporal. Ὀρεστης, se voyant ainsi seul au milieu des champs à la merci de quatre pendars de soldats, se treuva fort estonné, et essaioit de les appaiser le mieux qu'il pouvoit, leur donnant espérance qu'ils ne paieroient rien, et qu'il feroit en sorte que la chambre paieroit pour eux. Mais Garnier par son humeur aigre et inflaischible gastoit tout. Enfin Ορεστης se résolut d'escrire à Cesis le moins mal qu'il put, lui remonstrant le danger où il estoit, et le besoing et la mauvaise volonté de ces soldats. Cesis promit de venir; et après les longueurs et remises ordinaires aux Italiens, il envoya un certain capitaine Lalio, son parent : auquel Ορεστης fit la harangue au nom de toute la compagnée, le priant de faire en sorte que le maistre de chambre du Cardinal Bagni reprinst ces soldats, dont il s'estoit chargé à Avignon, et que lui ou la chambre payast leur part de la garde. Lalio, pour toute satisfaction, lui respondit *che havevano ragione, ma pero che bisognava che pigliassero patientia, perche il maestro di camera era servitore del Sr Cardinale Bagni, et che pero non se gli poteva dire niente* (1); et

---

(1) Qu'ils avaient raison, mais qu'il fallait qu'ils prissent patience, parce que le maistre de chambre était serviteur de Monsignor le Cardinal Bagni, et que l'on ne pouvait rien lui dire.

s'en retourna avec ce beau compliment, promettant qu'il auroit fait envoyer quelque chose aux soldats : ce que les soldats demandant plusieurs fois à la garde de dehors, il leur respondit que Monsignor *ne haveva fatto scrivere a Roma* (1) : d'où l'on escrivit, après deux congrégations solennellement tenues devant le Cardinal Padrone, que l'on leur donnast à chasqu'un deux testons; que pour la part de la garde, *che gli altri s'aggiustassero tra loro* (2). C'estoit la response que la garde demandoit, qui ne vouloit avoir rien à faire avec la chambre, laquelle ne paye pas trop bien. Cela fit que les soldats devindrent encore beaucoup plus insolens qu'auparavant.

Les quarante jours estoient expirez, en contant les dix premiers de l'autre Lazaret : néantmoins Monsignor Cesis, pour une pique qu'il eut avec ce maistre de chambre, il fit faire encore huit jours de bonne mesure. Garnier pensa une invention par laquelle il crut que l'on feroit sortir : il sema un bruit que la compagnée n'avoit plus d'argent pour vivre. La garde estant venue pour achepter, l'on luy respond qu'on n'avoit plus d'argent; il s'en va, et retourne le soir : l'on luy donne la mesme response; et cela dura trois jours, Garnier ayant fait

---

(1) En avait fait écrire à Rome.
(2) Que les autres s'arrangeassent entre eux.

provision de pain et de vin par anticipation. Enfin l'on n'eut autre response de Monsignor Cesis, sinon *che gli rincresceva assai, et che si per sorte havevano lettere di cambio, le haverebbe fatto capitar a Roma : se non, che pigliassero patienza* (1). Voilà sa courtoise response; et si l'on n'eust point eu d'argent, l'on estoit en danger de mourir de faim et de mesaise entre ces quatre murailles, comme l'on dit que plusieurs sont morts. *Tanto sono vil' e crudel canaglia* (2)!

Un autre malheur arriva, car De Camp eut mal à un pied; et Brancaleone estant venu regarder tous ceux du Lazaret au nez pour voir comme ils se portoient, il fit de grandes difficultez sur ce mal de pied, et vouloit que ce fust *mal contagioso*, et menaça de faire recommencer la quarantaine. Que s'il eust sceu qu'Orestes avoit cinq ou six clous comme il avoit lors, il eust sans doute fait arquebuser toute la compagnée : car l'on ne parle pas plus doucement que cela en ces pays-là. Et ce fut une grande bonne fortune qu'ils fussent arrivez là l'hyver, car l'esté ils seroient sans doute tous morts d'incommodité, et

---

(1) Qu'il le regrettait beaucoup, et que si par hasard ils avaient des lettres de change, il les ferait toucher à Rome : sinon, qu'ils prissent patience.

(2) Tant c'est de la vile et cruelle canaille!

pour l'air qui est très mauvais en cette ville. Et Ορεστης a sceu depuis à Rome que plusieurs sont morts, entre autres deux gentilshommes Parisiens, qui moururent l'an 1634. Et Ορεστης s'estant depuis plaint à Rome à Monsignor Cesis de ces grandes rigueurs que l'on luy avoit usées à la quarantaine, il luy dit qu'il devoit remercier Dieu de ce que lui et tous ses compagnons n'avoient pas esté pendus : ce qu'il eut ordre plusieurs fois de Rome de faire, sur ce qu'il escrivoit qu'ils sortoient du Lazaret en la campagne. Et luy ayant dit de ces garces qui venoient, il dit que si il l'eust sceu, qu'il les eust fait pendre, et le caporal, et quiconque eust eu affaire avec elles. Le Marquis Malatesta, qui a esté le dernier Général des armes en Avignon, le Pape ayant supprimé cette charge avec la plus part de la soldatesque, faisoit aussi la quarantaine en mesme temps, auprès du Lazaret d'Orestes, et n'estoit pas traité guères plus humainement : car ses quarante jours finissant le ... de Janvier, il demanda par grace spéciale de pouvoir sortir le jour d'auparavant, qui est la feste de... ....., que l'on célèbre fort à Cività Vecchia, faisant courir des chevaux pour des *palii* qu'ils appellent : qui sont des pièces d'estoffe que l'on donne à ceux qui arrivent les premiers au bout de la carrière ; et l'on ne voulut jamais accorder cette grace au Marquis.

Enfin le dernier de Janvier, la garde de dehors et Brancaleone, qui n'estoit jamais venu que pour menacer de pendre (ce qui avoit tellement offencé Ορεστης, qu'il fit depuis très diligente recherche à Rome pour treuver le compagnon et le faire bastonner, mais il mourut peu de temps après qu'ils furent sortis du Lazaret), leur vinrent dire, *ch'erano liberi, et potevano uscir' ogni volta che havessero sodisfatto alle guardie* (1). Ce fut là le grand point; car tous commencèrent à crier les uns contres les autres, Garnier ne voulant point payer la part des soldats, et voulant que l'on payast celle de son valet, qui avoit servi en commun : Morus ne voulant point payer la part des soldats, ni celle du valet : De Camp ne voulant point payer celle du valet, mais celle des soldats; et ainsi se passa toute la journée, sans rien conclure, avec menaces et bravades horribles. La garde, revenue le soir, dit qu'elle estoit pressée de nous ouvrir, si nous la voulions payer, et qu'autrement l'on ne laisseroit point aller; et que la chambre avoit ordonné que ceux qui avoient de l'argent payassent pour ceux qui n'en avoient point.

Toute la nuit passa en crieries. A la fin, le premier Février au matin, Ορεστης, tirant à part Gar-

---

(1) Qu'ils étaient libres, et pouvaient sortir, pourvu qu'ils eussent donné satisfaction aux gardes.

nier, lui remonstra comme c'estoit une honte de demeurer au Lazaret après ceux du Cardinal qui estoient sortis dès le jour auparavant, et qu'il en falloit sortir en quelque façon que ce fust : que la meilleure qu'il lui sembloit, estoit de tirer de De Camp premiérement, ce que l'on pourroit, puis du Prestre; et que le reste, ils le payeroient luy et Garnier : lequel s'estant accordé après beaucoup de difficultez, Ορεστης dit aux deux gardes qu'ils ne se missent en peine de rien, et que lui il se chargeroit de les payer. Après, il va treuver De Camp : lequel dit à Ορεστης que son intention estoit de payer à raison de cinq, en contant le laquais, et ne contant point les soldats; et que si quelqu'un vouloit payer pour le laquais, ou ne pas payer pour les soldats, qu'il ne donneroit pas un double, et qu'il romproit la teste à tous. Ορεστης le remit le mieux qu'il put, lui dit que l'intention de la compagnée estoit de pàier ainsi qu'il disoit, et que partant il donnast sa part. Laquelle contée et livrée en présence des gardes, Ορεστης alla treuver Morus : lequel ne vouloit payer qu'à raison de sept, en contant les soldats et le valet; l'on tira aussi de lui ce que l'on put sur ce pied-là. Après, Ορεστης s'ajusta ainsi avec Garnier : il paya premiérement, à raison de sept, sa part, Jules 27, puis celle du laquais, J. 9, puis celle des deux soldats à raison de trois, 12 1/2 : qui fait en tout 48 Jules et demi qu'il paya pour sa part à la garde de dehors, à laquelle il donna encore de plus 5 Jules pour ce qu'il devoit à la garde du premier Lazaret, laquelle luy avoit cédé son droit : qui fait en tout 53 1/2 Jules. La garde de dedans, outre les deux Jules par jour de nourriture, il la paya encore de la mesme sorte, donnant pour sa part en sept, 16 ; pour celle du laquais en deux, 5 : pour celle des soldats en trois, 5 : qui fait en tout 26 Jules; de sorte que la dépense des deux gardes, sans la nourriture de celle de dedans, lui monta à 80 Jules pour sa part. Outre quoi il despensa pour les trente-six jours qu'il fut au Lazaret, pour sa nourriture et sa part de celle de la garde de dedans, 28 livres, qui font Jules 112 (voyez les listes qui furent faites alors, que je garde) : lesquels 112, joints aux 80 des gardes, font 192 Jules, qui font 48 livres de France ; qui, jointes aux 13 livres des dix premiers jours du premier Lazaret, font en tout 61 livres de France pour les quarante-six jours qu'il fut dans les deux Lazarets ; auxquels joignant les deux jours qu'il fut dans la tartane, au port, fait en tout quarante-huit jours de quarantaine. Outre ceci, estant arrivé à Cività Vecchia, Branca-leone dit *che c'era da fare un altro contarello* (1) pour

---

(1) Qu'il y avait à faire un autre petit compte.

les meubles que la chambre prestoit à ceux qui faisoient la quarantaine, *non per far pagar piggione, ma accio che la robba non perisca* (1), disoit-il. Et tira une liste où tout estoit taxé : entre autres, la taxe d'un urinal par mois estoit un baiocque; d'une broche, un baiocque; etc. Tous les meubles montèrent pour le louage, 30 Jules, dont Ορεστης paia pour sa part quatre. Ainsi toute la quarantaine lui cousta 62 livres.

Orestes, sorti du Lazaret, fut considérer la ville de Cività Vecchia, qui est fort laide et petite, et se peut plus tost appeler un bourg, estant mal bastie comme les villages de France. Procope l'appelle néantmoins πόλιν μεγάλην καὶ πολυάνθρωπον (2), et Aimonius nomme des évesques de Cività Vecchia; laquelle se nommoit autrefois *Centumcella, a cellis sive* νεωρίοις *quibus naves in statione subducebantur*(3), dit Cluverius (4) : lequel veut que ce nom soit

---

(1) Non pour faire payer loyer, mais afin que le mobilier ne périsse pas.

(2) Ville grande et très peuplée.

(3) A cause des compartiments ou arsenaux où l'on abritait les navires.

(4) Page 482 du 2ᵉ livre de l'*Italie Ancienne*. Le *Mercurius Italicus* dit qu'il y en a qui croient que Cività Vecchia soit Pyrgi ancien. (*Note de l'Auteur.*)

plus ancien que celui de *Portus Trajani;* cet empereur estant l'auteur de ce port, que Pline le Jeune, en l'épistre 31 du livre 6, descrit parfaitement bien; surtout cette Isle qui est à l'embouchure, qu'il dit que Trajan y fit artificiellement, et sur laquelle est bastie aujourd'hui la tour du phanal ; laquelle Isle le Pape d'aujourd'hui faisoit accroistre alors, y faisant jeter quantité de pierres, comme Pline dit que faisoit Trajan. Le port est fort grand. Au costé gauche, *quod firmissimo opere munitum est* (1), dit Pline, est la forteresse, qui semble bonne et forte. Le costé droit, *quod elaborabatur* (2) du temps de Pline, est un bras tiré dans la mer, pour couvrir le port du costé du Couchant, et le faire rond (Pline et Rutilius l'appellent *amphitheatrum,* comme véritablement il en a encore la forme aujourd'huy) ; lequel bras consiste en plusieurs arches sous lesquelles la mer passe comme sous un pont, de la mesme façon qu'est aussi fait le pont de Puzzol, ce que les Anciens faisoient affin que l'eau allant et venant dans le port emporte le sable et la vase, et par ce moyen le port ne s'emplit jamais. Ces arches aujourd'hui sont encore celles que Trajan fit faire, comme il y a apparence, estant fort vieilles et fort bien basties.

---

(1) Qui est défendu par un ouvrage très solide.

(2) Auquel on travaillait.

Au bout de ces arches, au fond du port, il y a un autre port où sont les galères, qui est bon et fort à couvert du vent, le grand port estant fort battu du Couchant et du Midi. Ces galères sont si mal armées, qu'il y avoit deux ou trois ans que les Turcs vinrent jusques dans le port en prendre une.

Les forçats sont quasi tous prestres et moines, dont la plus part sont condamnez pour magie. Ils sont bien plus proprement dans ces galères que nos forçats de France, et mènent joyeuse vie, allants par la ville et dans les hostelleries, où Orestes vit deux ou trois de ces gros Pères faisant bonne chère et se faisant servir à table par d'autres forçats Turcs, à qui ils donnoient à porter leur argent, et leur faisoient faire le comte avec l'hoste, dédaignant de le payer eux-mesmes : tant ces Messieurs ont le faste et l'orgueil en teste, qu'ils le gardent encore aux galères. Le Pape faisoit lors bastir à Cornette (que l'auteur du *Mercurius*, page 547, suivant Blondus, veut estre au lieu où estoit *Castrum novum;* Cluverius dit que Cornette est à un mille de Tarquinii) une prison qu'ils nomment *il Lazaretto*, là où tous les prestres condamnez aux galères tant présens qu'à venir seront transportez et enfermez, ne voulant plus qu'ils rament, disant que le mauvais air de ce lieu-là leur sera une assez rude peine.

Après avoir passé le soir du 1er et la matinée du

2 de Février à la ville, où l'on fait assez mauvaise chère, et chèrement, ayant payé 4 Jules pour la soupée et 5 pour le disner, Ὀρέστης voulut partir sans attendre ceux de la famille du Cardinal, et ayant fait marché pour un cheval de là à Rome à 28 Jules, et un autre pour porter les hardes, dont il paya pour sa part 6, Garnier et Morus qui vindrent avec luy payant le reste, comme il estoit prest pour partir, il vint un nouvel ordre de Cesis que l'on retinst le matelas d'Orestes; de sorte qu'il s'imaginoit qu'il n'eschapperoit jamais des mains de ces gens-là. C'est la coustume de faire laisser ainsi les matelas en temps de peste, lesquels ils font descoudre, et laver la laine et la seicher; et le renvoyèrent à Rome trois mois après. Brancaleone leur joua encore d'un mauvais tour, car, dans les billets de quarantaine qu'il leur donna, il ne voulut pas mettre que leurs hardes l'avoient aussi faite, quoi qu'Orestes l'en pressast : lui disant que cela n'estoit pas nécessaire ; mais il esprouva bien tout le contraire à Rome.

Parti de Cività Vecchia sur le midi du 2 Février, avec Garnier à cheval, Morus à pied, et le soldat Romagnol, lequel pour s'estre montré moins insolent dans le Lazaret que le Sicilien, Ὀρέστης prit pour valet (dont il se repentit bien tost, ce Romagnol s'en estant allé sans dire adieu et lui emportant une pistole). Cheminant le long de la mer, l'on rencontre environ à deux milles des eaux chaudes, où l'on dit mesme qu'il y a encore des ruines fort anciennes, Cluverius, page 486, dit qu'elles s'appeloient autrefois *Aquæ Tauri*, et rapporte quantité de passages des auteurs anciens, entre autres un de Rubilius en son *Itiner.* où il descrit fort élégamment une fable sur ces eaux-là. A deux milles de là, qui sont quatre de Cività Vecchia, l'on voit de grandes ruines dans la mer; Cluverius dit que *Castrum novum* estoit là autrefois. A deux milles de là environ, se trouve un petit bourg le long de la mer, qui s'appelle Santa Marinella, où il y a un petit port ou plus tost plage ou marine. Cluverius, page 497, dit que c'estoit autrefois *Punicum, sive Punica positio*. A six milles de là, se trouve un petit ruisseau que la carte de la *Campagna di Roma* appelle *Eri*, comme venant de *Monte Erano*. Il semble que Cluverius, page 493, veuille que ce soient *Cæretanæ Aquæ*, qui sont à six milles de Cæres, lesquelles eaux l'on a appelées *Aquæ Apollinares*, qui estoient autrefois fort célèbres et le sont encores aujourd'hui, et s'appellent *Aque di Stigliano*. Passé ce ruisseau se treuve un petit bourg qui s'appelle Santa Severa, où Cluverius, page 496, dit que l'on voit de grandes ruines de bastimens anciens, où il dit qu'autrefois estoit Pyrgi, qui fut une ville autrefois célèbre, les pyrates de Toscane s'y retirans, y ayant un port qui se voit encore aujourd'hui, où cinq ou six galères peuvent demeurer.

Après avoir fait sept milles, l'on rencontre une petite rivière, qu'ils appellent aujourd'hui Vacina, qui vient du lac de Braciano. Cluverius, page 494, dit que c'est *Cæretanus amnis,* dont Virgile fait une très belle description, comme aussi du lac, au livre 7; Cæres estant près cette rivière, à 4 milles de la mer, qui s'appelle encore aujourd'huy Cerveteri, c'est-à-dire *Cere veteri,* pour différence d'un autre *Ceri* qui est sur le bord de la mer, à quelque 10 milles de là, tirant vers Ostia. Ce *Cære* est une ville très ancienne, dont tous les auteurs anciens, et les plus anciens comme Hérodote, Lycophron, etc. font mention comme d'une ville très ancienne et florissante, qui se nommoit au commencement *Agylla.* A la prise de Rome par les Gaulois, les Vestales se retirèrent là, emportant avec soi toutes les choses les plus sacrées qu'elles avoient, et y furent bien receues, comme dit Tite Live, l. 5; *unde,* ajoute-t-il, *cæremonias dictas quidam putant* (1). Ensuite l'on passe une autre petite rivière que la carte de la *Campagna* nomme Sanguinara, puis le long d'un bois que la mesme carte nomme Mantiana Selva.

---

(1) D'où, suivant quelques-uns, vient le mot de *cérémonies.*

Ensuite, au coucher du soleil, l'on arriva à une rivière qui est plus grosse que les précédentes, qui se nomme Arone, et vient du lac de Braciano. Garnier, qui n'estoit pas fort bien monté et qui s'amusoit avec le prestre qui estoit à pied, estoit demeuré beaucoup en arrière; et Orestes le voulant attendre, le voiturin ne le voulut jamais faire, vu qu'il estoit déjà nuit, et qu'il vouloit coucher à Monterone, qui est à 3 ou 4 milles de là, et de fait toucha son cheval. Ορεστης, qui a pour maxime de suivre toujours le voiturin et n'attendre jamais personne, et songeant encore aux hardes, suivit, et arriva à près de deux heures de nuit (1) à Monterone, qui est une assez bonne hostellerie, distante environ de 20 milles de Cività Vecchia, et est comme le milieu entre elle et Rome : où il fit passablement bonne chère et fut sur tout bien couché; de quoi il paia 7 Jules. Garnier n'arriva que le lendemain matin, vers les 15 heures (2); et dit à Orestes comme estant arrivé à nuit fermée à l'Arone, il chemina trois ou quatre heures pour treuver un pont; et qu'ayant enfin passé la rivière à gué, après avoir cheminé quasi toute la nuit, il fut premièrement à un village, et puis à une hostellerie où, pour caresses, on les

---

(1) Huit heures du soir.
(2) Neuf heures du matin.

menaça de les arquebuser s'ils ne se retiroient, disant qu'ils allassent par le grand chemin, et qu'on leur avoit deffendu sur peine de la vie de loger aucun estranger, quoi qu'il eust le billet de santé. Ainsi il fut contraint de passer la nuit à cheval à l'abri d'un arbre ; et vindrent si las à l'hostellerie qu'eux ni le cheval ne se pouvoient remuer de froid et de faim.

Le 3 Février, après avoir passé Paledor, qui est une autre hostellerie, Ορεστης vit la première fois des bufles, qui sont presque faits comme des bœufs, sinon qu'ils sont plus gros et plus pesans, sont de couleur noire, et ont les cornes longues et plates ; sont dangereux quand ils sont en furie, où ils entrent principalement quand ils voient du rouge, et dit-on qu'une fois un cardinal courut grand danger à une des portes de Rome. Ils s'en servent à labourer et à traisner les fardeaux pesans, principalement les vaisseaux qui montent contre le Tybre de la mer à Rome ; et font de petits fromages de leur lait, qu'ils appellent *provalura* et *ova di buffalo*. Les chevaux haïssent leur odeur et en ont peur.

Par le chemin, l'on rencontre souvent des vestiges d'une voye ancienne, qui semble devoir être *Via Aurelia*.

Plus on approche de Rome, plus la campagne est déshabitée, n'y ayant autre chose que quelques tours par ci par là basties à la Gothique, où demeurent quelques *pecorari* et *capovaccari*, quelques *precuoij* (ainsi appellent-ils des estables basties pour loger les bœufs, chèvres et brebis), et quelques *casali* (ce sont nos métairies de France); mais encore sont-ils fort rares. En approchant de Rome, à quelque deux ou trois milles, l'on commence à treuver les *vignē*, qui sont nos maisons des champs de France; mais elles sont appelées proprement *vigne*, n'y ayant rien des vignes, sans aucun embellissement de jardinages, hors mis quelque meschantes allées de cyprès, mais encore toutes ne l'ont pas; et sans autre bastiment que ce qu'il en faut pour le vigneron : ce que les Italiens disent faire, non par règle de lésine, mais de santé, affin de s'oster l'occasion d'y coucher, l'air y estant si mauvais, principalement l'esté, que qui y dort une nuit court danger de la vie : ce qu'Orestes a sceu depuis estre véritable. L'on rencontre l'aqueduc de l'*Aqua Paulina*, que Pape Paul conduisit du lac Braccian à Rome. Après l'on entre en la *valle dell' Inferno*, qui est un chemin creux; d'où sortant l'on entre en un faux bourg, mais qui est plus tost composé de vignes que de maisons, Rome ni les autres villes d'alentour n'ayant point de faux bourgs, la ville n'estant pas habitée la quatrième partie. Cela conduit à la *Porta di Cavalli leggieri,* ainsi nommée à cause des logements des chevaux légers du Pape qui sont auprès cette porte. Là, après avoir regardé diligemment les billets, et avoir mis un sceau aux valises, lequel il n'est pas permis de lever que dans le logis de la Douane par les officiers, y ayant la peine de la confiscation des hardes, et des chevaux du voiturin s'il ne meine les passagers descendre droit à la Douane premièrement que d'aller mesme chercher logis : outre cela, vous font laisser des gages à la porte, comme quelque anneau, ou monstre, ou une pistolle, et vous ne sçauriez ravoir cela sans que vous ne leur monstriez un billet de la Douane qui face foi que vous avez payé : qui est une invention nouvelle des maltotiers, affin d'espargner les gages de plusieurs officiers qu'il faudroit tenir à toutes les portes, et qui peut-être ne leur seroient pas bien fidelles. Ce qui néantmoins va fort au préjudice et à l'incommodité des passagers ; car, au lieu qu'autrefois l'on estoit despesché promptement à la porte en monstrant ses hardes, ou en payant quelque galanterie, comme l'on fait aux autres villes d'Italie, il faut aller à la Douane porter ses valises, d'où l'on a mille difficultez de les ravoir par après, devant que l'on se treuve aux jours et aux heures destinez pour l'assemblée de ces Messieurs les gabeleurs, qui sont voleurs publics, principalement les moines de Saint-Dominique qui sont destinez à voir les livres que l'on apporte : car ils retiennent et volent impunément tous les livres qui leurs semblent bons et beaux, et Ορεστης a eu deux de ses amis à qui ces Pères ont retenu tous ces petits volumes d'impression d'Amsterdam qui sont quarante ou cinquante, reliez en marroquin (1). L'on n'en print point à Orestes, car estant averti de la barbarie de ces moines dès Paris, il ne s'estoit chargé que d'un *Épictète* et d'un *Sénèque*, lesquels il mit dans ses poches, de peur qu'ils ne lui fussent escroquez, comme suspects d'hérésie : comme il fit aussi son *Décaméron*, pour lequel il avoit beaucoup de peur. Mais en récompense, il fut huit jours tous entiers à courir depuis le matin jusques au soir chez des prélats et cardinaulx, pour pouvoir ravoir ses valises, que l'on ne lui vouloit pas rendre, à cause de l'omission que Brancaleone avoit faite malicieusement à Cività Vecchia, de mettre dans le billet de la santé que les hardes avoient aussi fait la quarantaine; et vouloit-on les renvoyer au Lazaret, et qu'il payast cinq autres Jules quarante jours durant à une garde qui en eust eu soin. Enfin, après deux ou trois congrégations tenues sur cette matière et après avoir escrit à Cività Vecchia, l'on les luy rendit.

---

(1) Bouchard est bien sévère pour ces pauvres inquisiteurs : les classiques Latins imprimés par les Elzevier étaient de bonne prise à Rome, puisqu'ils sortaient de presses hérétiques.

Orestes, estant entré par cette porte *di Cavalli liggieri,* conceut une plus grande idée qu'il n'avoit encore fait (quoy qu'elle fust grandissime) de Rome, lorsqu'il vit le derrière de Saint-Pierre et *la sua cuppola*, qui est, à n'en point mentir, la chose la plus belle et la plus magnifique qui soit aujourd'hui en Europe; puis voyant de loing, en passant, la façade de l'église et du palais du Pape, et la place, et de là passant par devant l'hospital de San Spirito; où cette grande rue de la Longare d'un costé, et de l'autre la façade de l'église, et ce long portique qui orne tout le flanc de l'hospital jusques à l'eau, donnèrent extrèmement dans la vue d'Orestes. Quand il descouvrit le Tybre, le Castel et Ponte San Angelo, dont on lui avoit autrefois tant battu les oreilles, *stupore et horrore quodam sacro perculsus est* (1), et s'imaginoit voir une ville enchantée. Mais ayant passé le pont, et entrant dans ces rues estroites et tortues et qui sont bordées de maisons inégales, lesquelles conduisent à la Douane, et de là chez le gouverneur de Rome (2), à *Monte Brianzo*,

---

(1) Il fut frappé d'une sorte de stupeur et d'horreur sacrée.

(2) Où il falloit que tous les estrangers allassent alors déclarer à quel logis ils alloient demeurer : ce que l'on escrit sur un livre, puis l'on leur donne un billet sans lequel ils ne peuvent estre logez. Cet ordre-là s'estoit introduit depuis la peste.

(Note de l'Auteur.)

qui est une hostellerie fameuse, au bord du Tibre, par delà l'*Ourse* (qui a perdu aujourd'hui aucunement son ancien crédit), il rabattit beaucoup de cette première bonne opinion, estant véritablement le plus vilain et sale quartier de Rome.

Hic labor extremus, longarum hæc meta viarum.

De Monterone à Rome, il y a quelque 20 milles, y en ayant 40 de Cività Vecchia ; et de Paris à Rome par mer, ils content quatre cents lieues. Lesquelles il fit en trois mois entiers et six jours, depuis le 29 Octobre 1630 jusques au 3 Février 1631 : sur quoi il faut oster vingt jours de séjour à Tholon, et quarante-huit de quarantaine à Cività Vecchia, qui fait plus de deux mois ; de sorte qu'il aura fait tout le voyage en un mois : quinze jours de Paris à Tholon, et quinze autres sur la mer de Tholon à Rome. Il despensa, en tout ce voyage, 260 livres ; sçavoir est, de Paris à Tholon, en quinze jours, 88 l. ; vingt jours de séjour à Tholon, 88 l. ; treize jours sur mer, 9 l. ; quarante-huit jours de quarantaine, 62 l., et deux jours de Cività Vecchia à Rome, 12 l. : qui fait en tout 260 livres, comme l'on peut voir dans les comtes.

FIN.

INDEX

DES NOMS DE PERSONNES ET DE LIEUX

AGAMEMNON (père de Jean-Jacques Bouchard), 4, 47, 64, 72.
AGLAURE, femme de confiance de Clytemnestre, 23, 39, 45, 48, 55, 70, 72.
Ἀλεξανδρια (Paris), 25.
ALLISBÉE, 18, 22, 25, 31, 33, 35 et suiv.
Ἀνγελικη, fille de chambre de Clytemnestre, 15.
Aix, 114.
Arles, 135.
Aubagne, 136.
Aurange, 105.
Avignon, 105.

BAGNI (le cardinal), 72, 133, 198.
BALBANI, 197, 198, 203.

BARBERINO (le cardinal Francesco), 108.
Beaugensier, résidence de Peiresc, 126.
BELLIÈVRE, 14.
Berre (la), 104.
Besars (les), 88.
Bessai, 92.
Bosny, 88.
BOCACE, 197, 225, 246.
BOUCHE, 110.
BOURDELOT, 82.
BOUTHILLIER, 14.
BRAGEMONT (de), 117.
BRANCALEONE, commissaire de la santé, 218, 231, 233.
Bresle (la), 96.
Briare, 88.
BROUART, 84.

Bully, 96.
Bussière (la), 88.

Cannes, 134, 204.
Capo Circelli, 202.
CARDAN, 85.
CASALE, 139, 197, 203, 215, 216, 218.
Cassan, 3.
CESIS (Mgr), gouverneur de Cività Vecchia, 216, 218, 230, 232.
CHABERT, 118, 125.
CHALLONS (de), 100.
Chapelle (la), 94.
Chapelle de la reine (la), 85.
Charité (La), 89.
Chasteau-Landon, 86.
Cività Vecchia, 214, 236.
Clos des Chartreux, 13.
CLYTEMNESTRE (mère de Jean-Jacques Bouchard), 4, 6, 39, 47, 49, 54 ; — appellée Νικίε, 58, 62, 63, 65, 67, 70, 73.
Collège de Calvy, 12.
CONCORDIA, 221.
Coniouls, 122.
Conious, 134.
Corance, 85.
CORINNE, tapissière, 45, 50, 51, 53, 55.

Cosne, 88.
Cuges, 122.
Cures, 194.

DE CAMP, étudiant en médecine Flamand, 198, 222, 228, 234.
Δροζος (Rozée), laquais d'Agammenon, 45, 49, 68, 69.
DE FURNES, 14.
DROUIN, 13.
DU PUY (les frères), 128.
DURAND, 13.

EFFIAT (le marquis d'), 93.
ÉPICTÈTE, 81, 246.
ÉROMÈNE (sœur de Jean-Jacques Bouchard), 23, 31, 39, 48.
ERYCIUS PUTEANUS, 139.
Escully, 96.
Essonne, 84.
Évènes, 124.

Fontaine (la), 94.
Fontenay-aux-Roses, 6.
FRANCIOTTI, 198.

Garde (la), 126.
GARNIER, ancien Jésuite, 198, 225, 229.
GASSENDI, 56, 75, 117.

GASTON, duc d'Orléans, 88, 116.
Germigny, 89.
GUISE (le duc de), gouverneur de la Provence, 126, 137, 149.
GOLNITZIUS (Abraham), 90.
Goulu, 14.
Guistres (abbaye de), 132.

HOLSTEINIUS, 129.
HULLON, frère utérin de Jean-Jacques Bouchard, 5, 32, 41, 45, 51, 55, 59, 62, 65.

Ile d'Elbe, 208.
Iles d'Hyères, 202.
Iles de Lérins, 203.

Juvisi, 84.

LABROSSE, médecin (appelé aussi Scopa), 61, 82.
LA BRUNETIÈRE, 13.
Lambesc, 112.
LE NOIR, 13.
L'HUILLIER, père de Chapelle, 56, 59, 60, 74.
LOISEAU, 14.
Long Boyau, 84.

Loriol, 103.
Lyon, 96.

Magny, 91.
Maison de Pilate (la), 102.
Maison-Rouge, 86.
MALATESTA (le marquis), 232.
Maletaverne, 66.
MANGEOTS (les deux), 13.
MARCHEVILLE (le comte de), 59, 65.
MARINO, 197.
Marseille, 135.
Martègues (les), 133.
Milly en Gastinois, 85.
MONACO (le duc de), 207, 208.
Montargis, 86.
Montélimart, 103.
Monterone, 242.
Montribleau, 96.
Mormant, 88.
MORUS, prêtre Champenois, 198, 233, 234.
Moulins, 91.

Nemours, 86.
Nevers, 89.
Neuvy, 88.
Noan, 88.

NOSTRADAMUS, 112.
Nostre-Dame de la Garde (le fort), 136.
Nostre-Dame de Plan, 104.
Noves (le port de), 111.

Olioules, 124.
Orgon, 112.
OSILIERS (d'), 195.

Pacaudière (la), 94.
Paledor, 243.
Palisse (la), 93.
PEIRESC, 115, 118, 125, 126 à 132, 194.
Pierrelatte, 104.
PLATON, 129.
Plessis (le), 85.
PLUTARQUE, 33.
Pont-à-Gasson, 86.
Pontcherra, 96.
Pont-Saint-Esprit (le), 104.
Pouilly, 89.
Pousin (le), 103.
Préfontaine, 86.
Privas, 103.
PYLADES (Marchand), 3.

RAPHAEL DE BOLOGNE, évêque de Digne, 63, 64, 83.
Rez, 84.
RIANTS (le baron de), 125.

RIGAULT (Nicolas), éditeur de Tertullien, 4, 128.
Roanne, 94.
Rome, 244 à 248.
RONSARD, 122.
Roquevaire, 120.

Saint-Andréol, 103.
Saint-Antoine, 96.
Saint-Antoine (la source), 194.
Sainte-Baume (la), 121.
Saint-Bonaventure (la roche), 121.
Saint-Cyre, 90.
Saint-Geran le Puis, 93.
Saint-Louis-de-Varennes, 92.
Saint-Marcel, 134.
Saint-Martin, 94.
Saint-Mathurin, 86.
Saint-Pierre-le-Moustier, 91.
Saint-Saphorin de l'Ay, 94.
Salon de Craux, 112.
Santa-Marinella, 240.
Santa-Severa, 240.
Sanxerre, 89.
SCOPA (Labrosse), 61, 82.
Selle (la), 88.
SÉNÈQUE, 81, 246.
Serrière, 102.

INDEX

Sincerus (Jodocus), 90.
Slingeland (de), 139, 204.
Soliers (de), 194.
Soliez, 126.
Soubise, 149.

Tain, 102.
Tarare, 95.
Théophile, 122.
Tolon, 92.
Toulon, 125, 193.
Tour (la), 94.
Tournon, 103.

Tubero, 61.

Vair (du), 132.
Valence, 103. 33, 35.
Vallette (de la), 117.
Valette (la), 126.
Velavez (de), 125, 130.
Vernaus (les), 85.
Vertaut, 86.
Villeneuve, 91.
Vienne, 101.
Villehaute, 84.
Villejuifve, 84.

TABLE DES MATIÈRES

Avertissement.   v

PREMIÈRE PARTIE. — CONFESSIONS

Situation d'esprit d'Ορεστης (Jean-Jacques Bouchard), à l'âge de vingt-trois ans.   1

Κλυτεμνεστρη (sa mère) le mène de force en vendanges à Ναιοκρηνη (Fontenay-aux-Roses) .   6

Sa vie solitaire.   7

Il rencontre une petite vachère : leurs conventions.   7

Désappointement d'Ορεστης, et retour qu'il fait sur lui-même.   9

Souvenirs d'enfance — Le collège de Calvy. — Les compagnons.   11

Scrupules de dévotion   14

Ανγελικη, la fille de chambre dormeuse.   15

Relations suivies avec la petite vachère ; expériences physiologiques   17

Αλλισβεε (Isabelle), autre fille de chambre de Κλυτεμνεστρη.   18

Ορεστης la surprend lisant un de ses livres de médecine. — Plaisir qu'il prend à l'instruire. — Discours en règle. 18
Comment il apprivoise Αλλισθέε 22
Retour de la messe de minuit ; Ορεστης montre à Αλλισθέε la fausseté et futilité des mystères religieux. 27
Αγλαυρε (Claire), femme de confiance de la maison : contrarie les amours d'Ορεστης et d'Αλλισθέε. . 28
Ερομενε (sœur d'Ορεστης) les sert innocemment . 31
Quintes d'Αλλισθέε. 31
Ορεστης lui parle de mariage. 41
Αγαμεμνων (le père) prend un laquais nommé Δροζος, qui, par ses intrigues, divise la maison en deux camps. 45
Persécution des parents. 49
Rendez-vous à la petite maison d'Ελαιος. 56
Affront qu'Ορεστης reçoit de sa mère ; il quitte le logis. 58
Vie frugale qu'il mène pendant quinze jours. . . 60
Son père fait vendre ses livres et distribuer ses hardes aux domestiques 61
Bons offices que lui rend son frère Ὑλλων 62
L'Évêque de Digne s'entremet pour le réconcilier avec ses parents 63
Il rentre au logis. 67
Nouveaux rendez-vous avec Αλλισθέε. 71

On se décide d'envoyer Ορεστης en Italie   72
Vengeance qu'Ορεστης tire d'Αγλαυρε.   72
Ses adieux à Αλλισβιε.   75

SECONDE PARTIE. — VOYAGE DE PARIS A ROME

Préparatifs   79
Départ de Paris.   84
Compagnons de voyage : le gentilhomme Parisien, le marchand Lyonnais, l'avocat Provençal, le page du Duc d'Orléans   84
Querelle dans l'hôtellerie, à Montargis.   86
Mauvais tours que le Parisien joue à Ορεστης . .   89
Prudence de ce dernier.   90
Arrivée à Moulins; le page quitte la compagnie.   91
Éloge des hôtelleries.   92
Arrivée à Lyon.   96
Descente du Rhône en bateau   100
Avignon.   105
Aix en Provence; Ορεστης trouve la ville en armes   114
Toulon.   125
Visite à M. de Peiresc, à Beaugensier   126
Retour à Toulon.   132
Notes sur la Provence   140
Les galères; manière de vivre et exercices des forçats.   149

Structure et police des galères	156
Id. id. des navires	177
Le port de Toulon.	192
Séjour d'Ορεστης à Toulon.	194
La femme du barbier.	196
Apprêts pour l'embarquement	197
Ορεστης s'embarque avec la famille du cardinal Bagni	198
Incommodités du voyage en mer.	199
Les îles d'Hyères.	202
Les îles de Lérins	203
Le Duc de Monaco.	207
La tempête.	211
Città Vecchia	214
La quarantaine.	215
Arrivée à Rome	244
INDEX.	249

Paris. — Charles Unsinger, imprimeur, 83, rue du Bac.

www.ingramcontent.com/pod-product-compliance
Lightning Source LLC
Chambersburg PA
CBHW070537160426
43199CB00014B/2282